amel
reda

Direction éditoriale : Christophe Savouré
Édition : Christine Hooghe
Direction artistique : Danielle Capellazzi et Armelle Riva
Conception graphique : Claude Poirier
Photographies : Olivier d'Huissier
Illustrations en infographie : Laurent Blondel

Dépôt légal : mai 2003
Photogravure : IGS-Charente Photogravure
Imprimé par Proost en Belgique, en septembre 2004
ISBN : 2-215-07452-3
ISSN : 1285-5677
4e édition - n° d'édition : 92424

Loi n°49-956 du 16 juillet 1949 sur les publications destinées à la jeunesse.

les activités fleurus

SCOUBIDOU FOLIES

Francine Fittes

À ma mère qui tressait déjà des scoubidous.
À Laurent, à Denis et à Mimiblonblon
pour leur soutien sans faille et à tous ceux que j'aime.

EDITIONS FLEURUS

Éditions Fleurus, 15-27, rue Moussorgski - 75018 Paris

Matériel et conseils

Fils à scoubidou

Il existe différents fils : des creux, des ronds pleins et des plats. Ils sont le plus souvent prédécoupés en longueurs de 90 cm. Tous ces types de fils conviennent pour réaliser les scoubidous classiques.

On tisse généralement des brins de 45 cm : selon l'attache choisie, on plie ou on coupe les fils en deux.

Les fils à scoubidou peuvent être armés. Dans ce cas, il faut obligatoirement utiliser des fils creux dans lesquels on glisse une tige de fil de fer.

Autre matériel

- **des ciseaux,**
- **de la colle forte,**
- **du fil de fer (0,7 mm d'épaisseur environ)**
- **des ciseaux usagés,**
- **un crayon,**
- **une cuillère en bois ou un gros feutre,**
- **des cure-dents et une brochette en bois.**

Attention

Couper le fil de fer avec des ciseaux **usagés** en veillant à ne pas se blesser.

Commencer un scoubidou

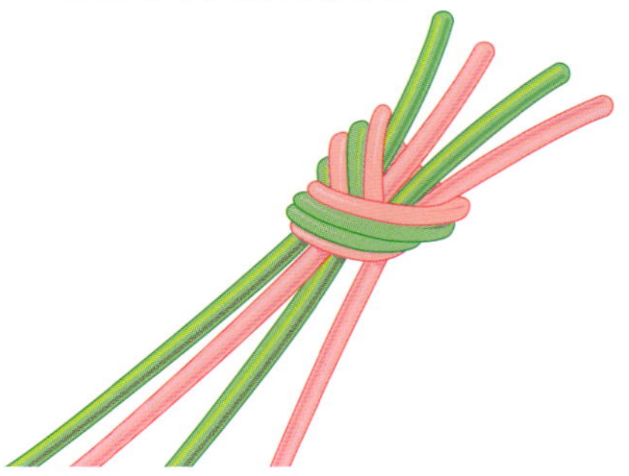

Nœud simple

On utilise le plus souvent des fils à scoubidou de 45 cm. Les nouer ensemble, à l'une de leur extrémité.

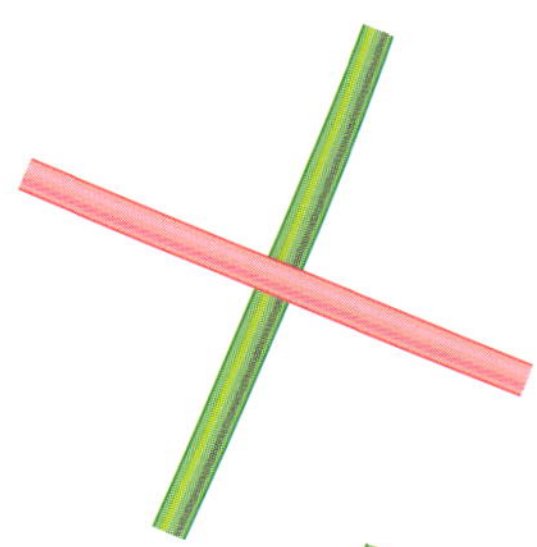

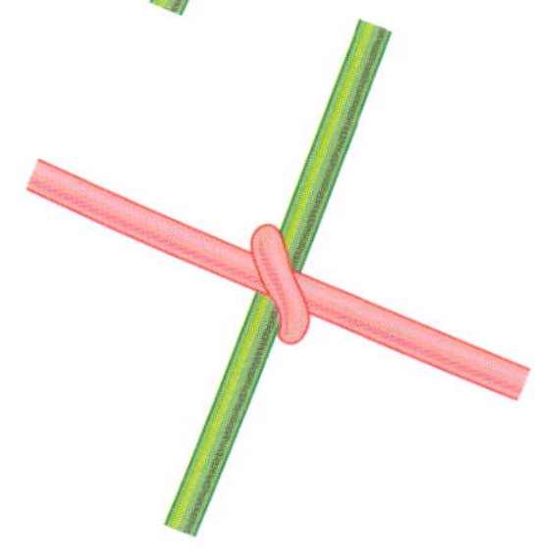

Nœud caché

Croiser 2 fils de 90 cm en leur milieu. Nouer un des fils sur l'autre. Pour les scoubidous à 6 brins et plus : un des fils lie les autres en leur milieu.

Boucles

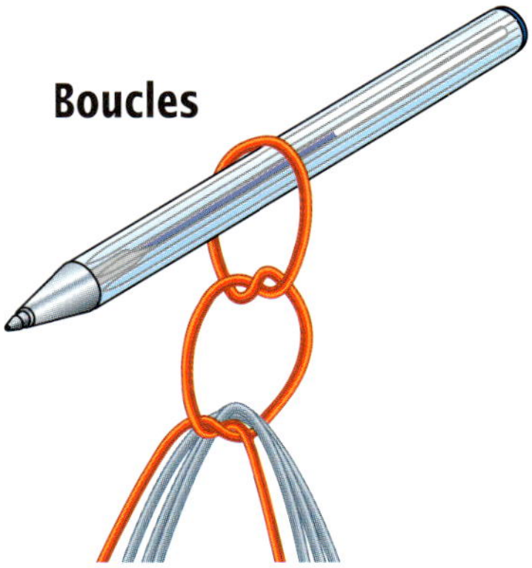

Boucle simple : nouer un fil en son milieu autour d'un stylo. Faire un autre nœud lâche. Placer le ou les autres fils en leur milieu dans la boucle formée. Serrer. Ôter le stylo après quelques maillages.

Boucle double : pour un scoubidou à 4 brins, plier 2 fils de 90 cm en leur milieu. Faire un nœud avec les 2 fils en même temps.

Nœud provisoire

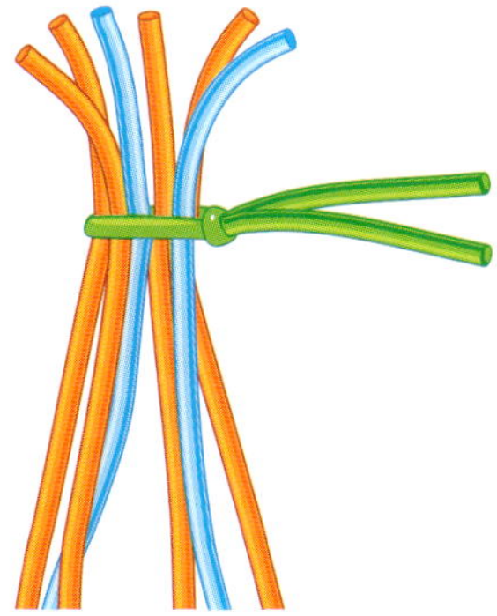

Rassembler les fils en fagot. Les lier avec une chute de fil. Le scoubidou terminé, retirer le lien. Recouper les fils à ras.

Arrêter un scoubidou

Arrêt simple

Après avoir bien tiré les fils du dernier maillage, les couper à ras.

Arrêt arrondi

Pour les scoubidous à 4 fils, nouer 2 fils en diagonale. Bien serrer. Nouer les 2 autres fils. Recouper à ras. Pour les scoubidous à 6 fils, nouer d'abord les fils centraux comme pour les scoubidous à 4 fils. Puis nouer les 2 autres fils.

Les armatures

Armer un fil

Insérer un morceau de fil de fer dans un fil à scoubidou creux.

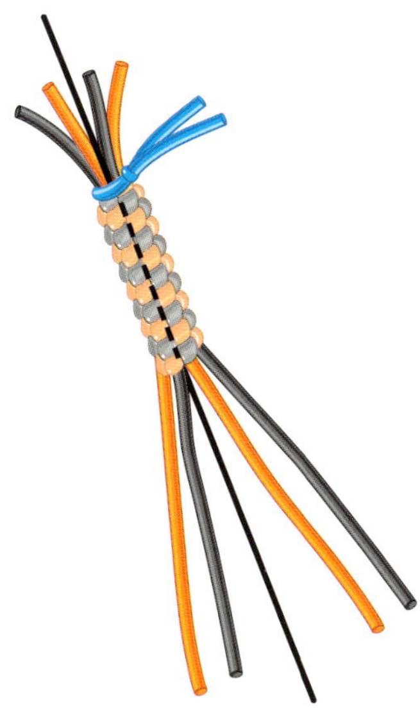

Armer un scoubidou

Avant de serrer, glisser un fil de fer dans le nœud de départ en le laissant dépasser de 1 ou 2 cm. Former le scoubidou autour du fil de fer. Enfoncer un morceau de gomme ou enrouler du ruban adhésif autour des pointes pour éviter de se blesser.

Matériel et conseils

Autres techniques

Avant-trou

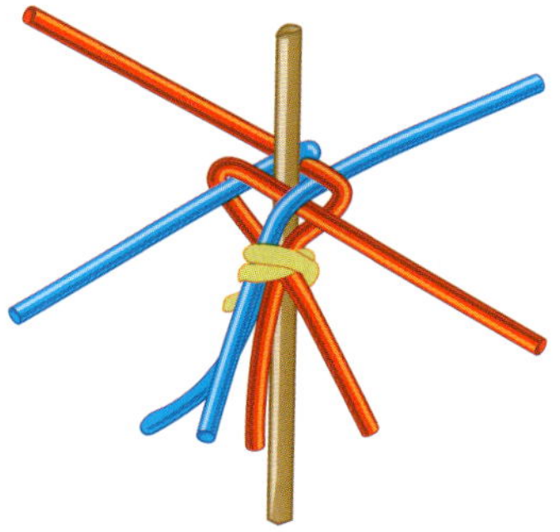

Il permet d'insérer plus facilement un scoubidou sur une tige métallique. Commencer le scoubidou par un nœud provisoire. Le tresser sur 2 ou 3 maillages autour d'un cure-dent dont les pointes ont été recoupées.

Maille lâche

Elle crée un espace au cours du scoubidou. Selon la taille de maille désirée, utiliser un stylo, le manche d'une cuillère en bois, un gros feutre...
Au moment voulu, maintenir l'objet sur le scoubidou et réaliser les 2 maillages suivants avant de l'ôter.

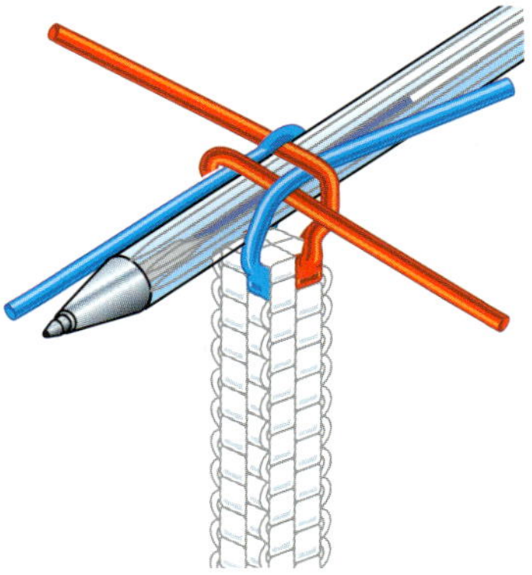

Trou

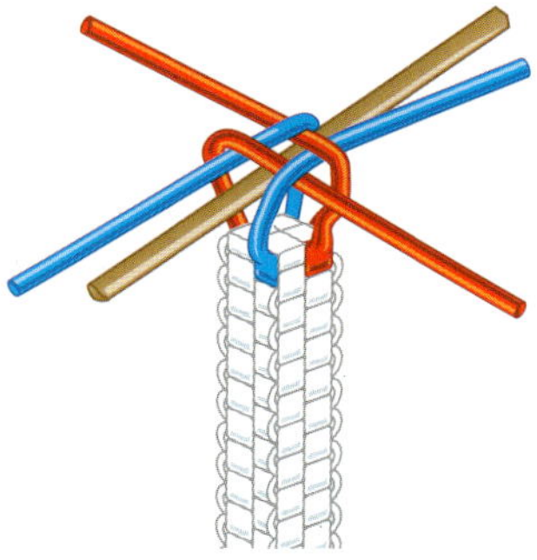

Utiliser un cure-dent en bois dont les pointes ont été recoupées. Procéder comme pour une maille lâche pour l'insérer à l'endroit voulu au cours du tressage.

Diminutions

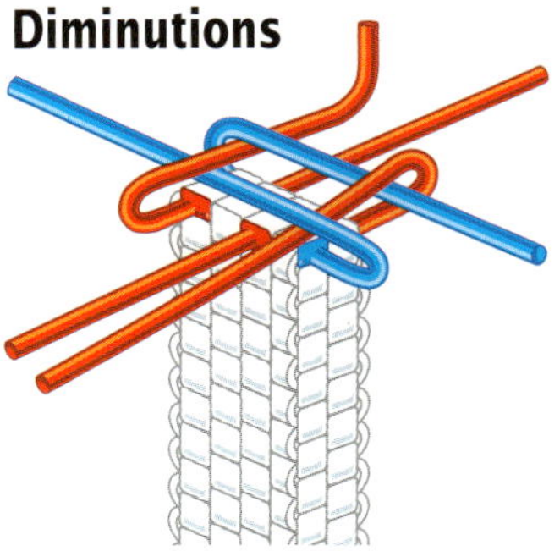

Il suffit de couper 2 fils à ras et de continuer le scoubidou avec le nouveau nombre de fils.

Augmentations

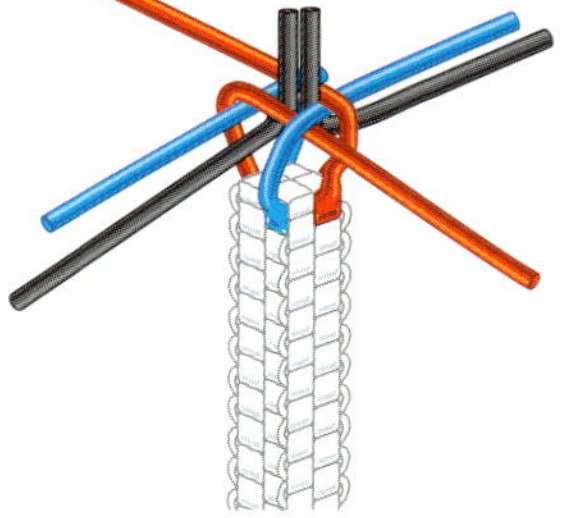

Avant de serrer le maillage, glisser les nouveaux fils sous les boucles formées en les laissant dépasser de 2 cm environ au milieu. Faire 2 ou 3 maillages autour, puis les recouper à ras. Continuer à tresser normalement.

Collages

Utiliser une colle forte du type universelle sans solvant. Maintenir les collages en place avec des pinces à linge ou des élastiques. Bien laisser sécher.

Les grands classiques

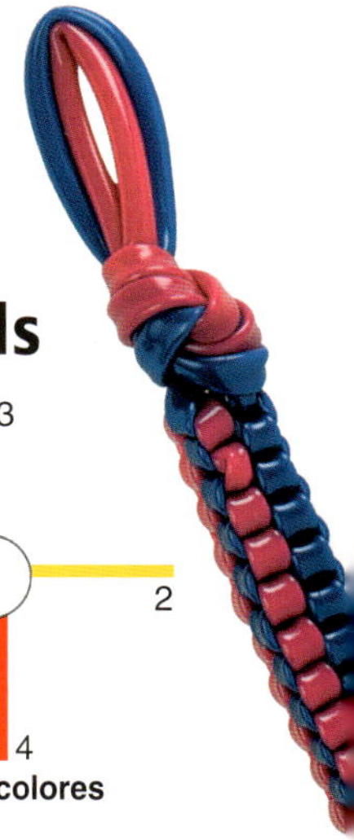

Scoubidou à 3 fils

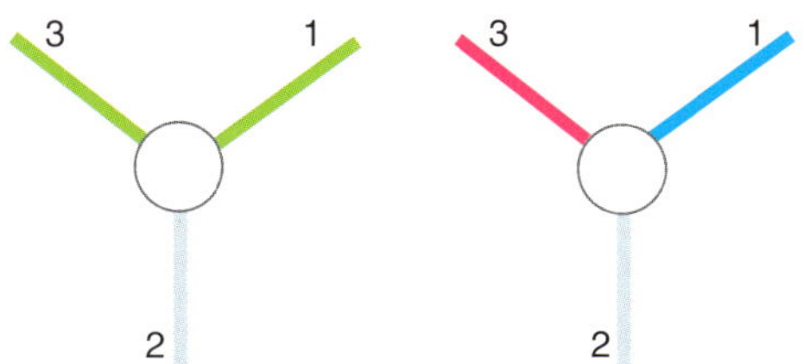

avec 2 couleurs — avec 3 couleurs

1 Faire un nœud simple avec des fils de 45 cm. Écarter et disposer les fils comme sur les schémas.

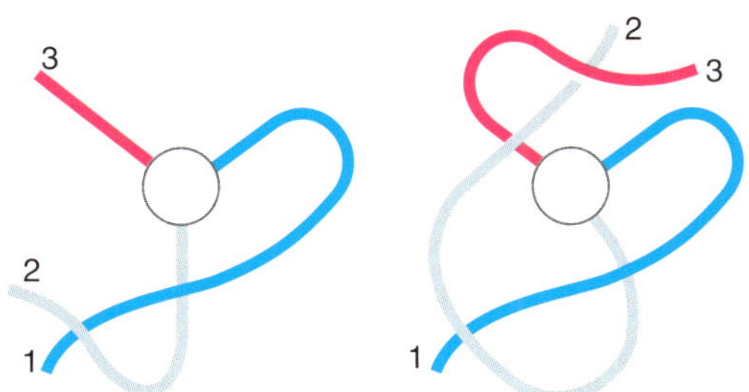

2 Passer le fil 1 sur le fil 2 et le laisser pendre, puis le fil 2 sur le fil 3 et le laisser pendre.

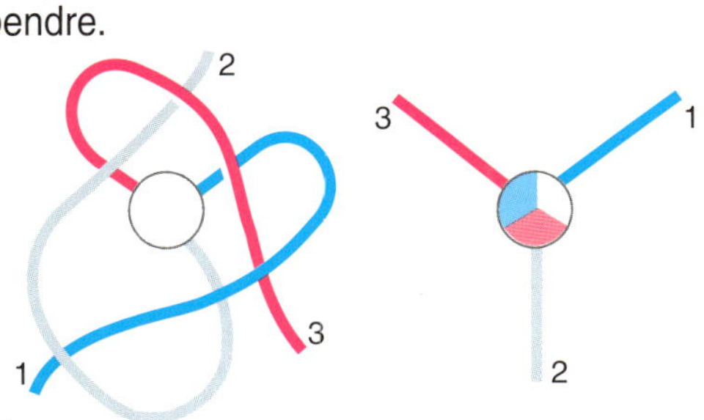

3 Passer le fil 3 dans la boucle du fil 1. Bien serrer ce premier maillage. Replacer les fils comme au départ. Continuer ainsi jusqu'à la longueur désirée.

Scoubidou carré à 4 fils

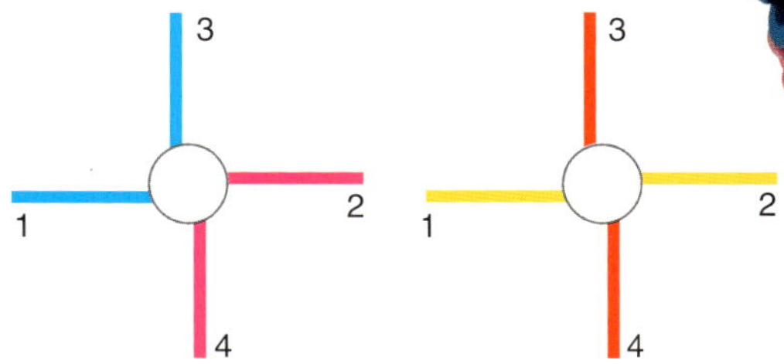

faces de couleurs alternées — faces bicolores

1 Avec 2 fils de 90 cm, commencer par une boucle ou un nœud caché. Placer les fils comme sur les schémas

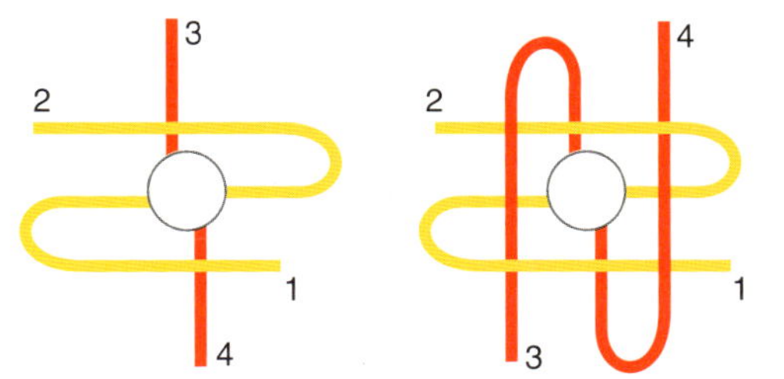

2 Former 2 boucles avec 2 fils opposés. Glisser les 2 autres fils dans les boucles.

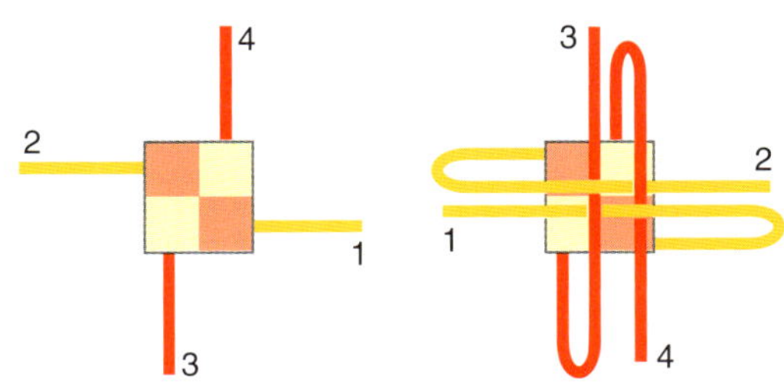

3 Serrer ce premier maillage. Recommencer jusqu'à la longueur désirée.

Les grands classiques

Scoubidou rond à 4 fils

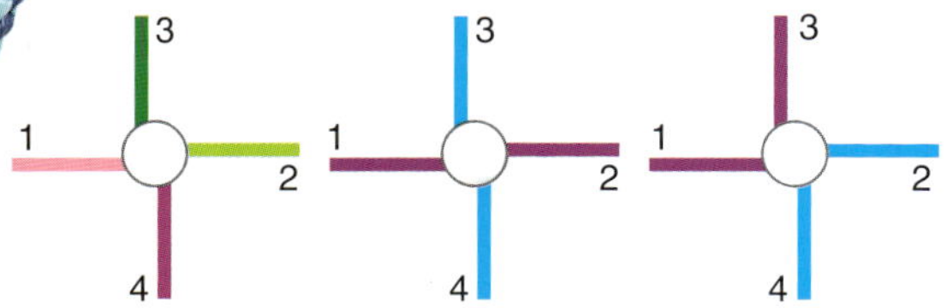

scoubidou chiné — rayures obliques — escaliers

1 Suivant le nombre de couleurs voulues ou le nœud choisi, utiliser 2 fils de 90 cm pliés en deux ou 4 fils de 45 cm. Placer les fils selon le motif recherché.

2 Réaliser le premier maillage comme pour le scoubidou carré. Serrer fort.

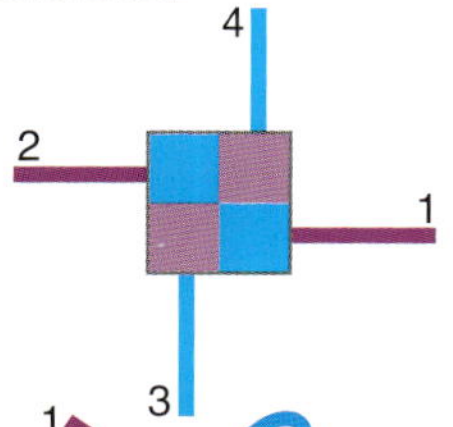

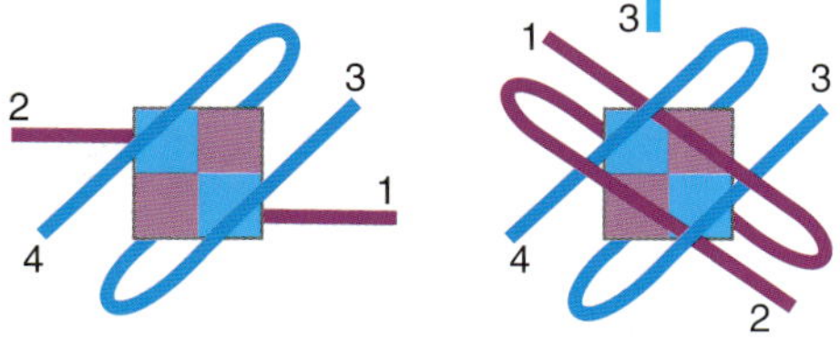

3 Placer 2 fils en diagonale comme sur le dessin. Former le maillage

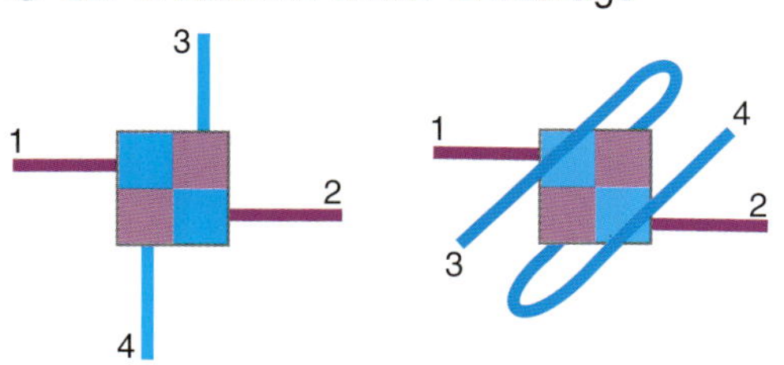

4 Serrer et recommencer jusqu'à la longueur désirée.

Scoubidou rectangulaire (6 ou 8 fils)

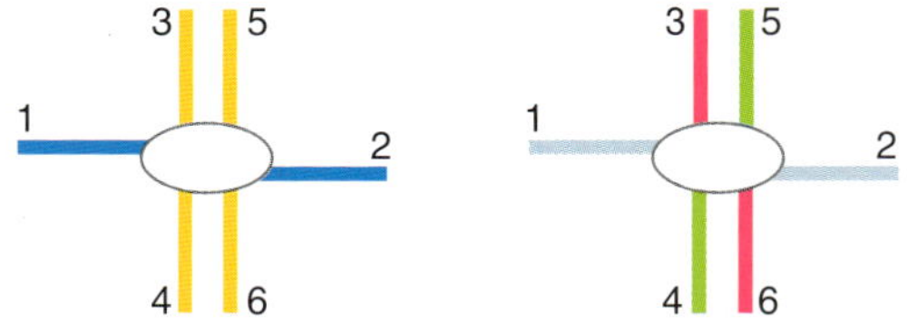

faces et tranches unies avec 6 fils — bande centrale avec 6 fils

1 Choisir 3 ou 4 fils de 90 cm. Commencer par une boucle ou un nœud caché. Placer les fils selon le motif voulu.

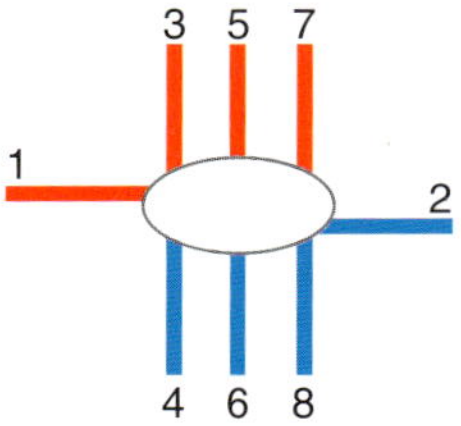

rayures avec 8 fils

2 Former 2 boucles au-dessus du nœud avec les fils 1 et 2.

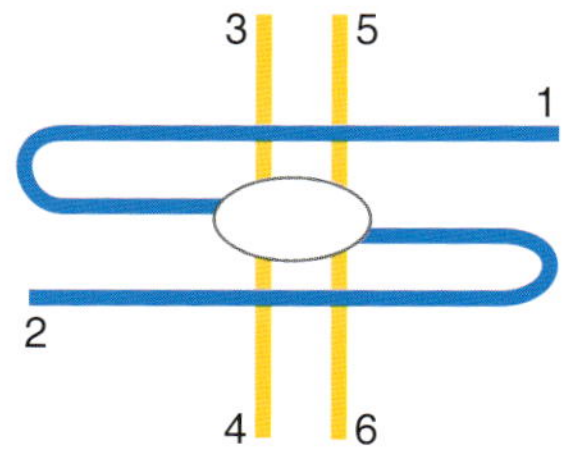

3 Former un tissage avec les 4 ou 6 autres fils.

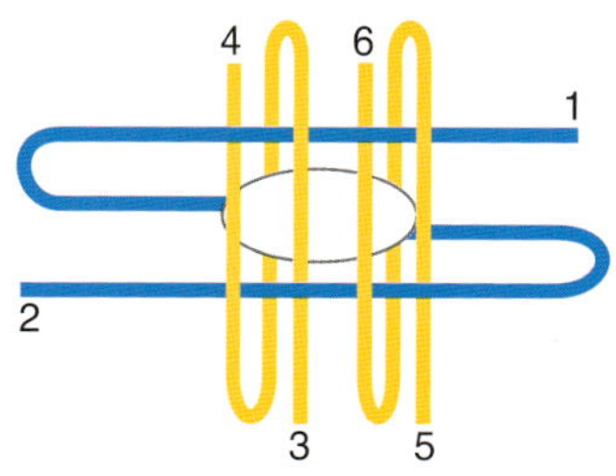

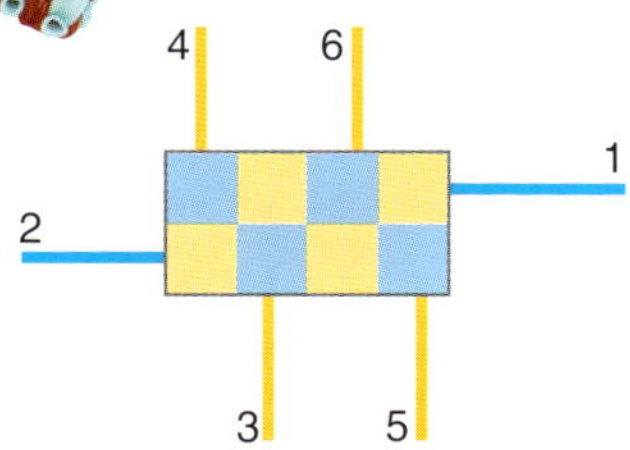

4 Serrer fort. On obtient un rectangle de 8 petits carrés de couleurs avec 6 fils ou un rectangle de 12 petits carrés avec 8 fils.

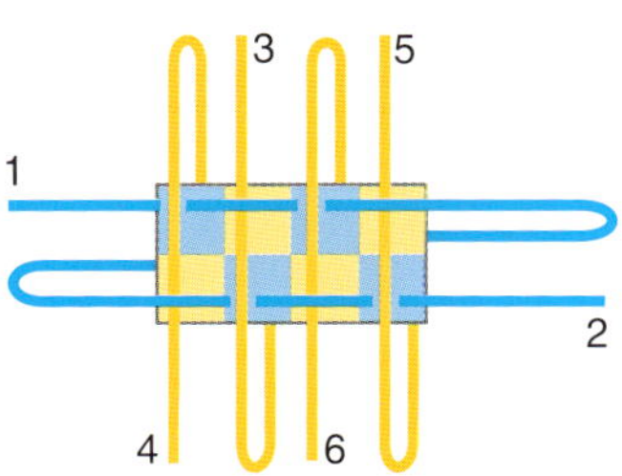

5 Former à nouveau 2 boucles avec les fils 1 et 2, puis tisser les autres fils. Serrer fort. Reprendre à partir de l'étape 2 jusqu'à la longueur voulue.

Spirale à 6 fils

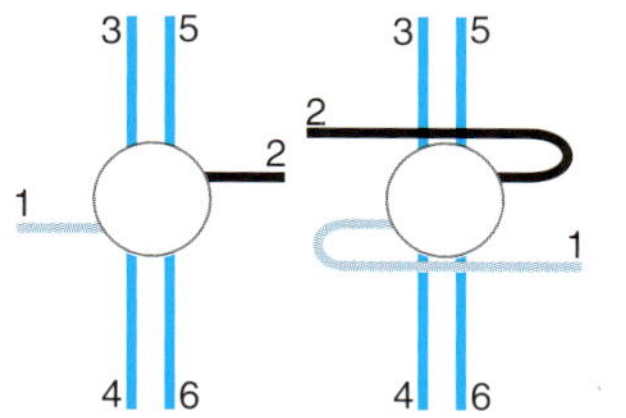

1 Pour la trame, nouer 1 fil noir et un fil blanc, puis attacher 2 fils bleus en leur milieu comme pour une boucle simple. Placer les fils comme sur le schéma.

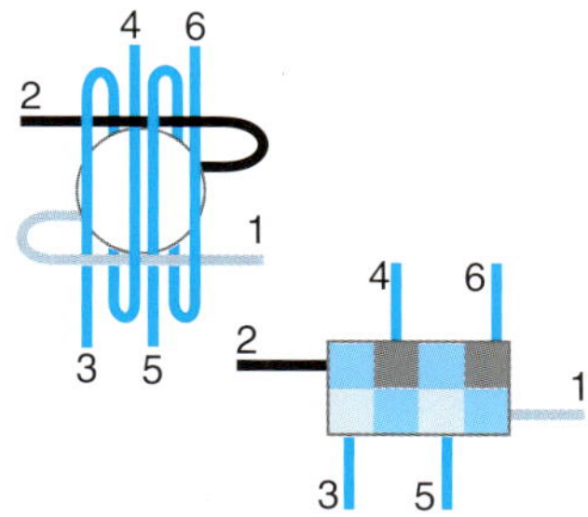

2 Premier maillage : le former comme pour le scoubidou rectangulaire (étapes 2, 3, 4).

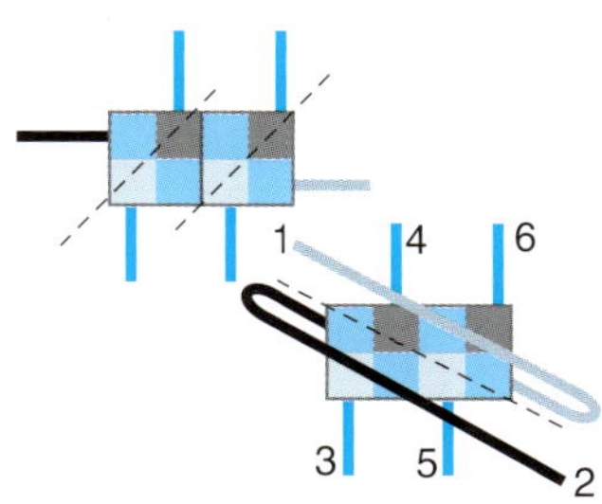

3 Deuxième maillage : décomposer le tissage obtenu en 2 carrés comportant 4 petits carrés. Placer le fil 1 et le fil 2 selon la diagonale du rectangle.

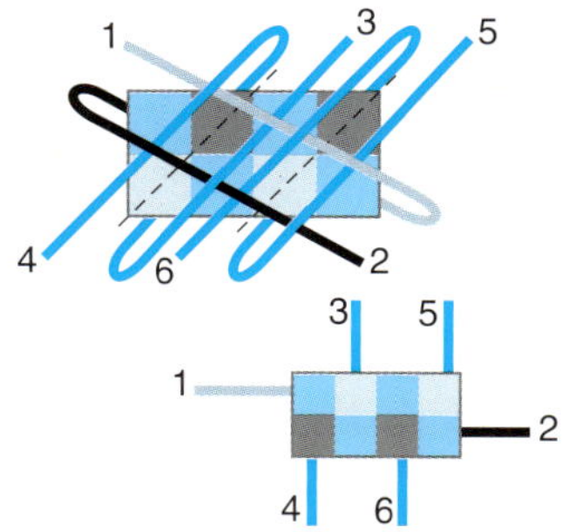

4 Tisser les autres fils par groupe de deux, selon la diagonale de chacun des carrés du tissage. Serrer.

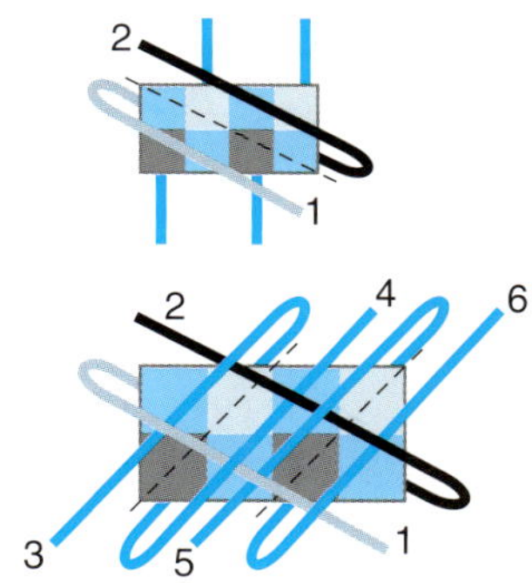

5 Troisième maillage : placer à nouveau les fils 1 et 2 selon la diagonale du rectangle. Tisser les autres fils deux par deux en diagonale.

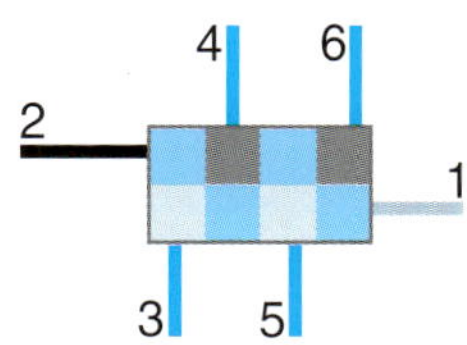

6 Serrer les fils. Ils ont retrouvé leur position de départ. Recommencer les deuxième et troisième maillages jusqu'à la longueur désirée.

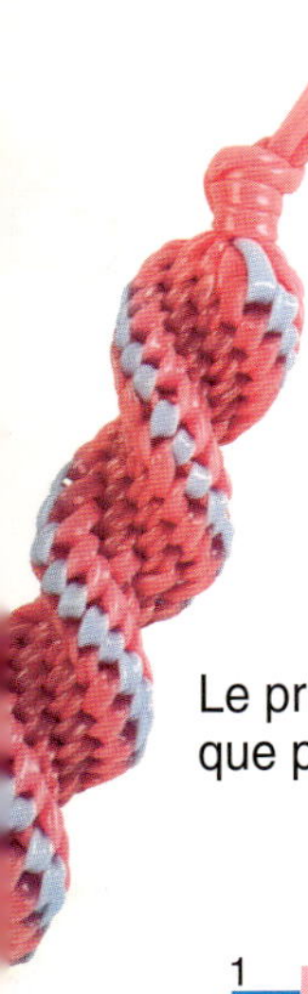

Les grands classiques

Spirale à 8 ou 10 fils

Le principe est le même que pour une spirale à 6 fils.

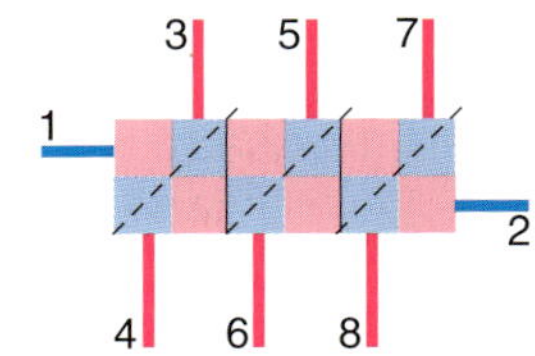

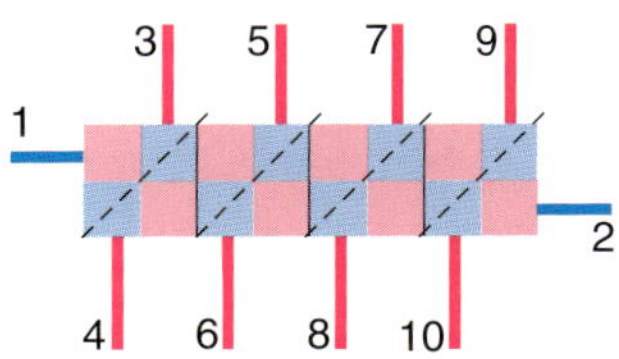

Le tissage se décompose en 3 carrés pour une spirale à 8 fils et en 4 carrés pour une spirale à 10 fils.

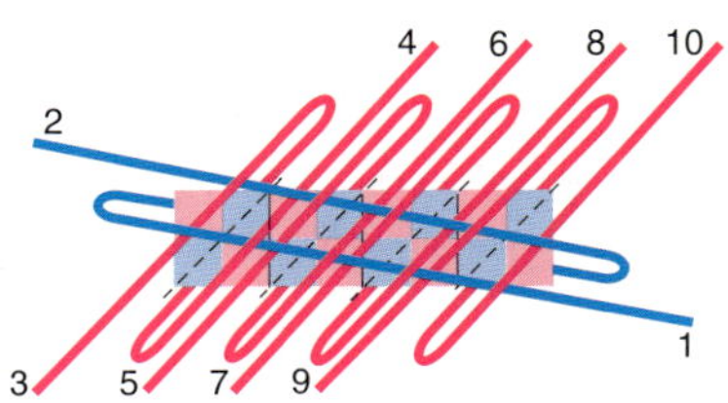

On place les fils 1 et 2 selon la diagonale du rectangle, puis on tisse les autres fils par groupe de deux selon la diagonale de chaque carré.

Scoubidou carré à 8 fils

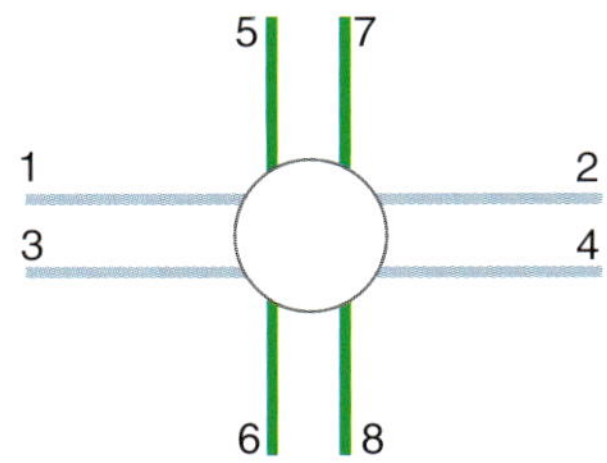

1 Pour un scoubidou bicolore, prendre 2 fils de 90 cm pour chacune des 2 couleurs. Commencer par une boucle ou un nœud caché. Placer les fils comme sur le schéma.

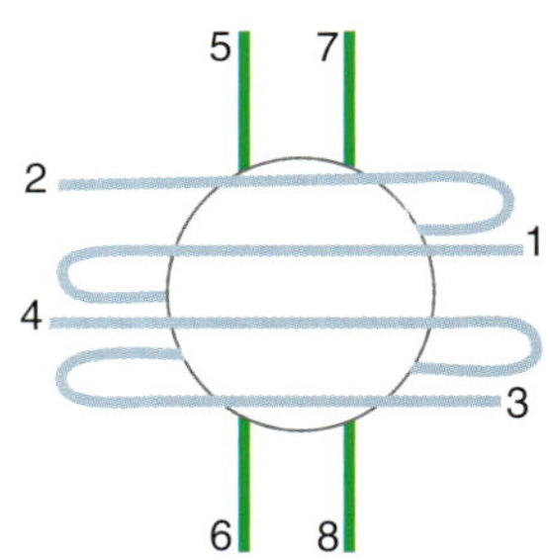

2 Former 4 boucles avec les fils 1, 2, 3 et 4.

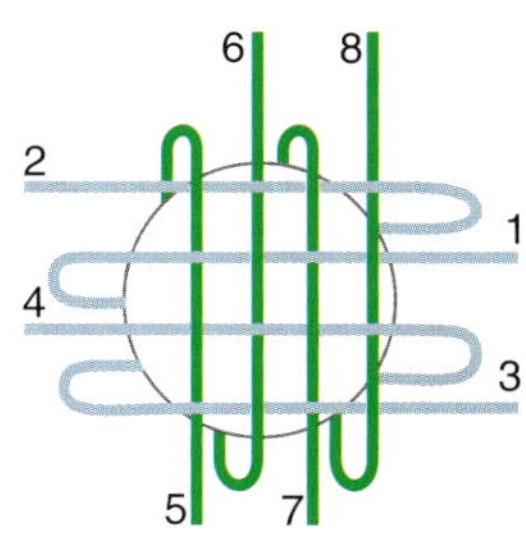

3 Tisser les fils 5, 6, 7 et 8, en les tirant progressivement.

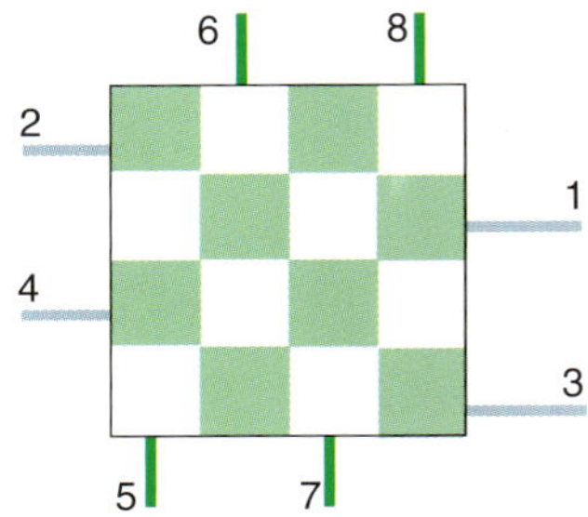

4 Serrer en vérifiant le placement des fils. On obtient un damier de 16 petits carrés de couleur.

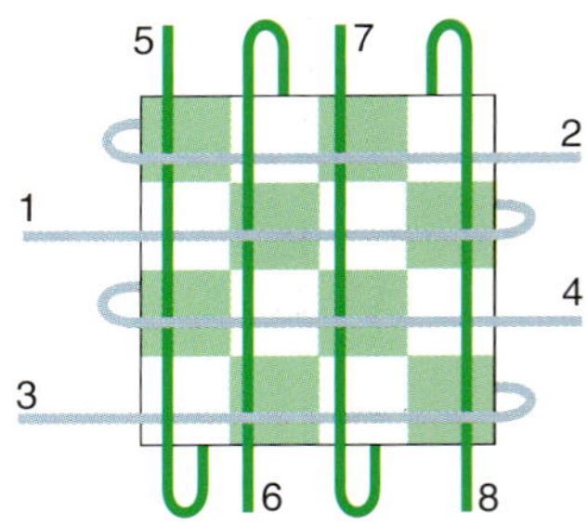

5 Former à nouveau 4 boucles avec les fils 1, 2, 3 et 4 puis tisser les autres fils. Serrer fort. Reprendre à partir de l'étape 2 jusqu'à la longueur voulue.

Scoubidou rond à 8 fils

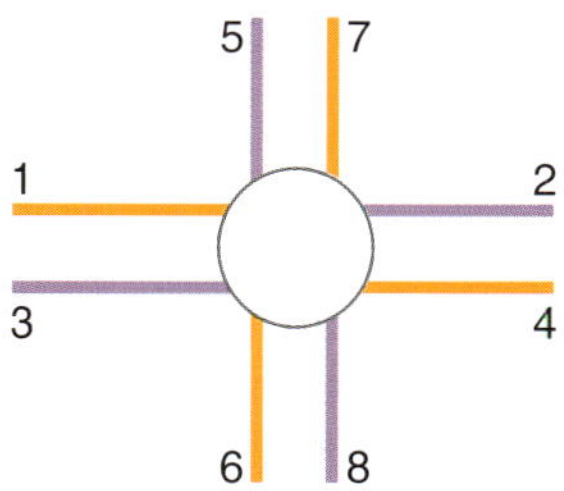

1 Pour un scoubidou bicolore, prendre 2 fils de 90 cm pour chacune des 2 couleurs. Commencer par une boucle ou un nœud caché. Placer les fils comme sur le schéma.

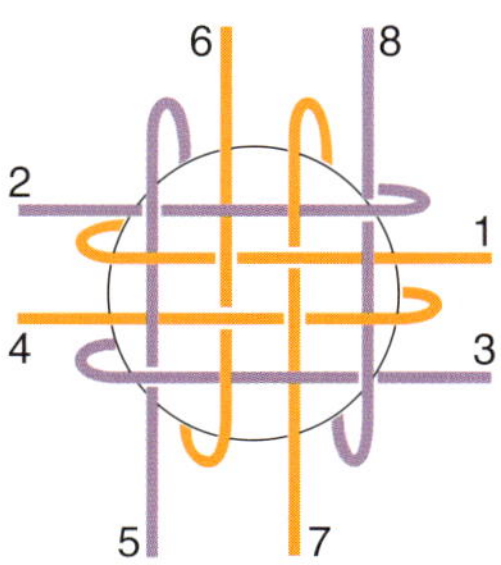

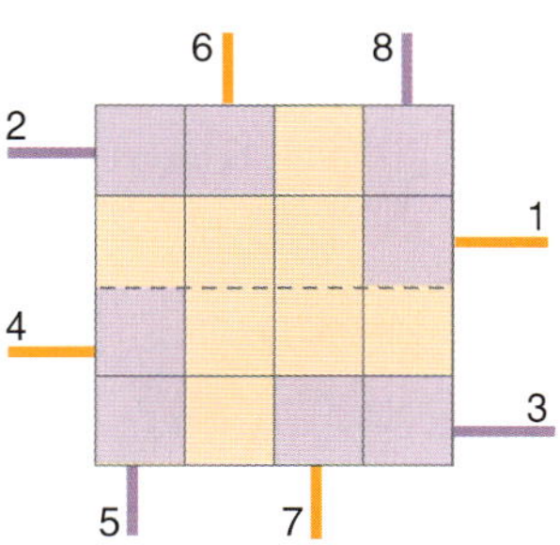

2 Premier maillage : procéder comme pour le scoubidou carré à 8 fils (étapes 2, 3, 4).

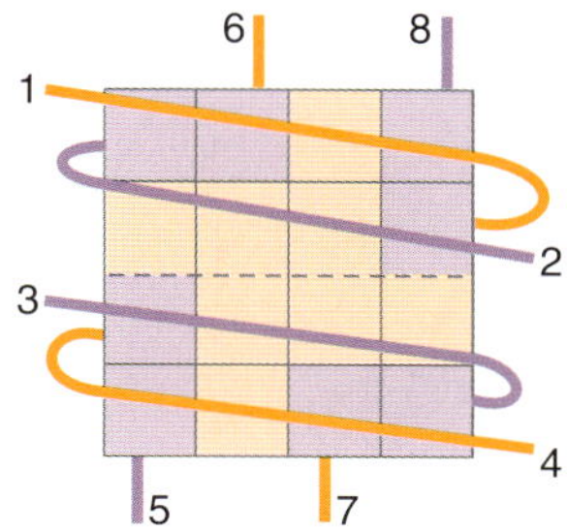

3 Deuxième maillage : décomposer le tissage en 2 rectangles horizontaux. Placer les fils 1 et 2 selon la diagonale du premier, puis les fils 3 et 4 selon la diagonale du second.

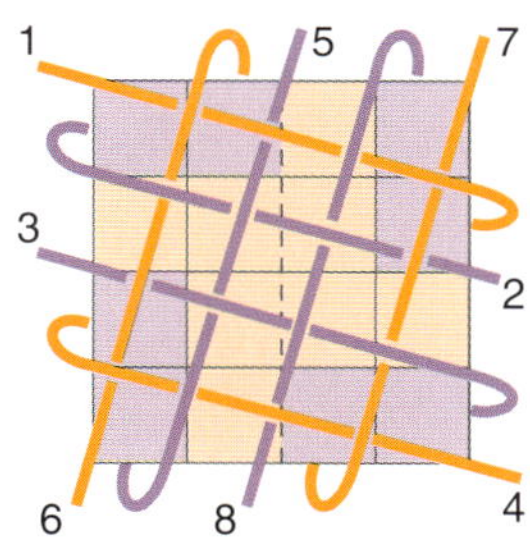

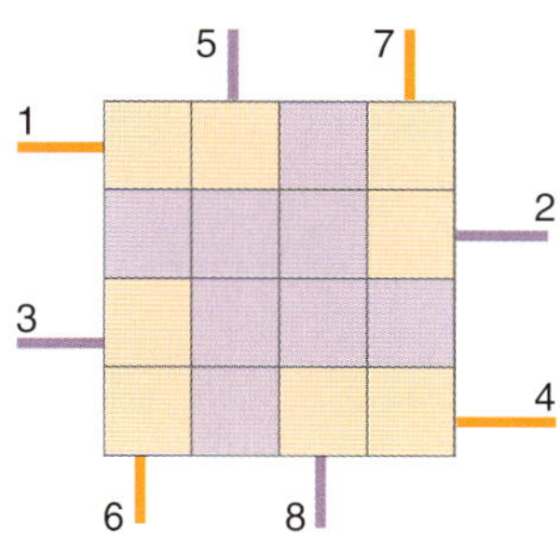

4 Décomposer le tissage en 2 rectangles verticaux. Selon leur diagonale, tisser les fils 5 et 6, puis 7 et 8. Bien serrer.

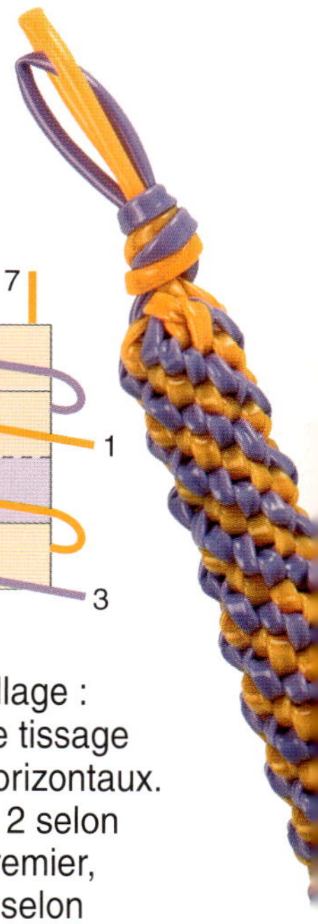

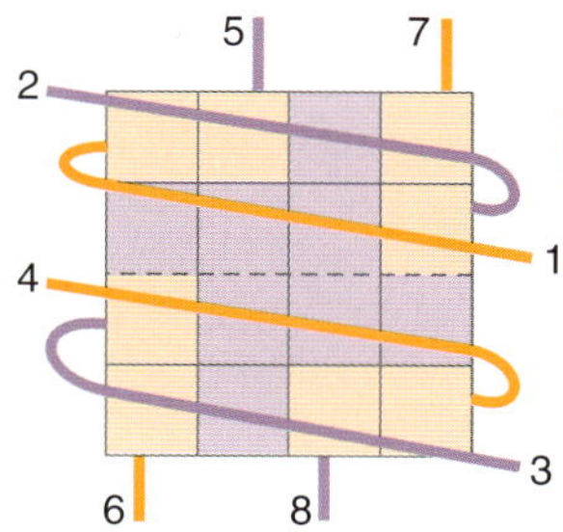

5 Troisième maillage : décomposer le tissage en 2 rectangles horizontaux. Placer les fils 1 et 2 selon la diagonale du premier, puis les fils 3 et 4 selon la diagonale du second.

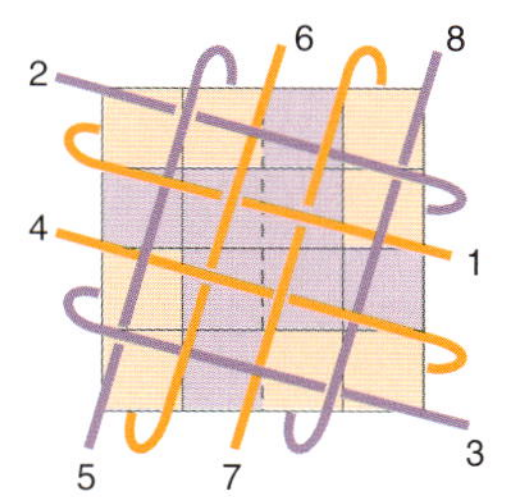

6 Décomposer le tissage en 2 rectangles verticaux. Selon leur diagonale, tisser les autres fils par groupe de deux.

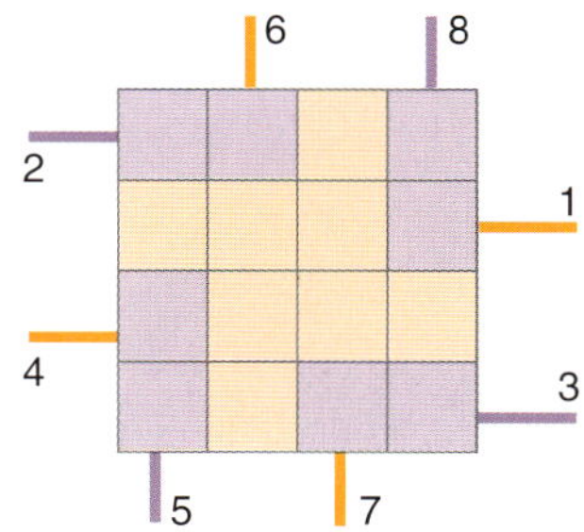

7 Serrer. Recommencer les deuxième et troisième maillages jusqu'à la longueur désirée.

Table en fête

Matériel

- 4 fils à scoubidou de 90 cm : une seule couleur ou 4 couleurs différentes,
- 2 perles en bois de 10 mm,
- chutes de mousse en plaque,
- stylo,
- ciseaux,
- colle.

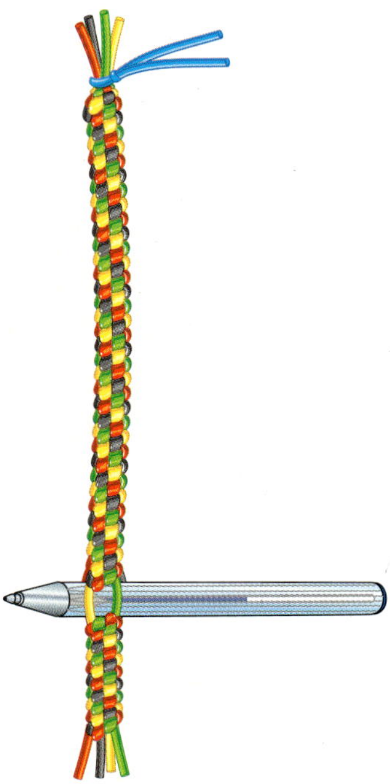

1 Lier les 4 fils par un nœud provisoire à 1,5 cm de leur extrémité. Commencer un scoubidou rond. Après 17 cm, faire une maille lâche autour d'un stylo (voir p. 8) Continuer le scoubidou sur 2 cm.

2 Défaire le nœud. Glisser le scoubidou dans la maille lâche pour former l'anneau.

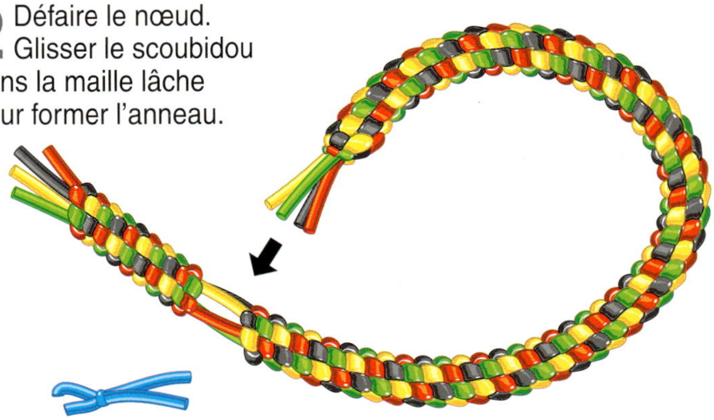

3 À chaque extrémité, conserver 2 fils de 1,5 cm et recouper les autres. Encoller les fils. Les insérer dans les perles.

4 À l'aide des patrons (voir à la fin du livre), découper la tête et le chapeau dans de la mousse. Les coller sur le rond de serviette. Ajouter des mains pour réaliser un marque-nom.

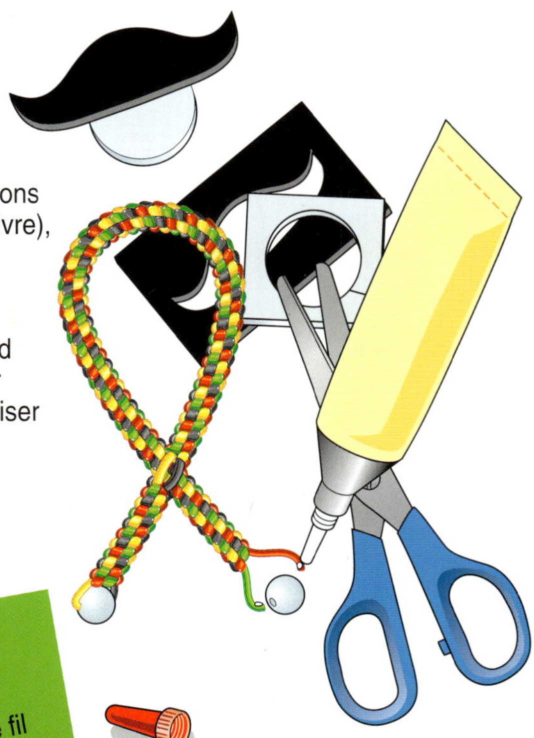

Conseil

Vérifier que le trou des perles est assez grand pour insérer le fil à scoubidou.

Bon appétit !

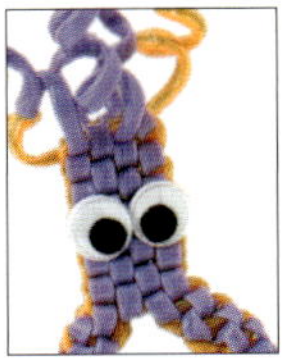

Pieuvres aimantées

Matériel

- 6 fils à scoubidou de 45 cm : 4 fils pour la couleur principale et 2 fils d'une autre couleur,
- fil de fer,
- yeux mobiles,
- 1 aimant rond,
- colle,
- ciseaux,
- ciseaux usagés,
- brochette en bois ou stylo.

1 Lier les 6 fils à 5 cm de leur extrémité par un nœud provisoire. Tresser un scoubidou rectangulaire sur 2 cm. Séparer les fils en deux groupes identiques. Tresser 2 scoubidous à 3 fils sur 5 cm.

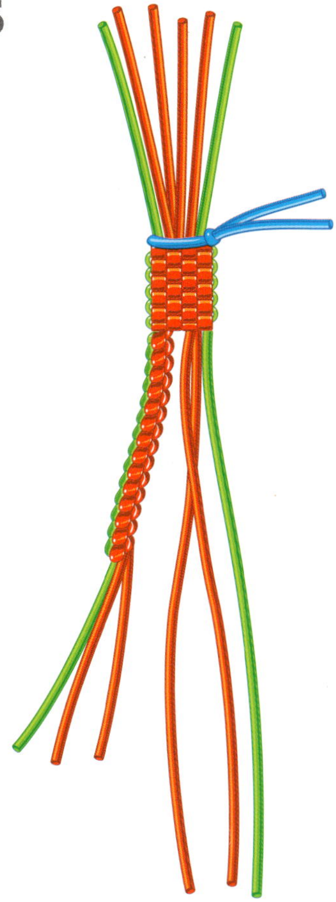

2 Couper 2 fils à ras sur chaque scoubidou. Nouer les fils restants. Ôter le nœud provisoire.

Nattes

Tresser les fils et les attacher avec une petite chute de fil.

Finitions
Coller les yeux sur la partie rectangulaire et l'aimant au dos.

Palmier
Armer les fils (voir p. 7). Replier leur extrémité puis les courber à l'aide d'un stylo.

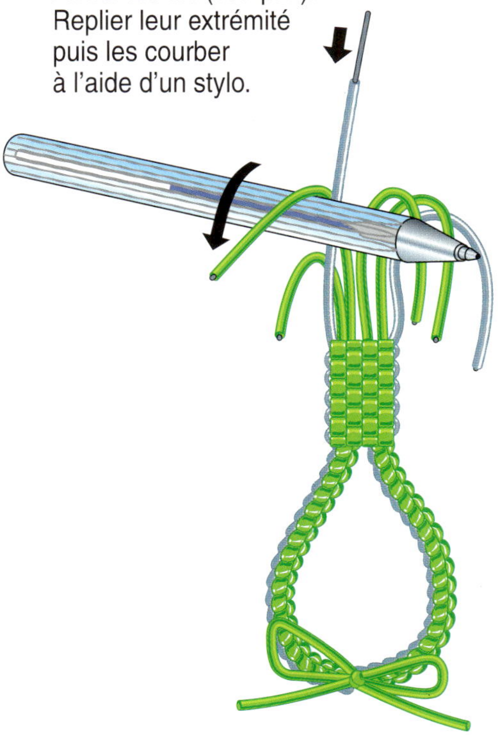

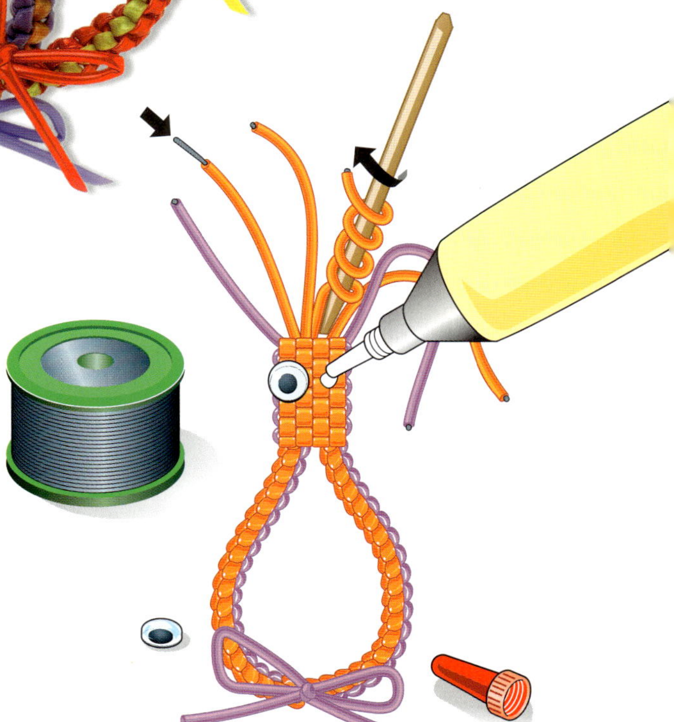

Frisettes
Armer les fils. Les boucler en s'aidant d'une brochette en bois.

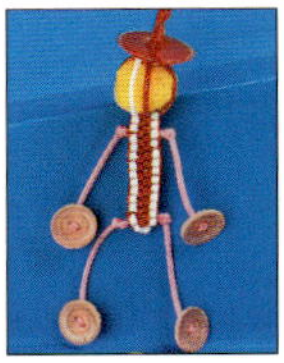

Bonshommes

Matériel

- **1 pompon de 20 mm,**
- **marqueur et ciseaux,**

Pour le bonhomme orange et vert :

- **fils à scoubidou de 45 cm : 5 orange, 2 bleus, 1 vert.**

Pour la variante rouge :

- **fils à scoubidou : 1 rouge de 90 cm, 2 rouges de 45 cm, 2 blancs de 45 cm, 1 rose de 45 cm,**
- **boutons à gros trous : 1 gros et 4 petits.**

Pour la variante rose :

- **fils à scoubidou : 1 bleu de 90 cm, 4 roses de 45 cm, 1 violet de 45 cm,**
- **1 grelot.**

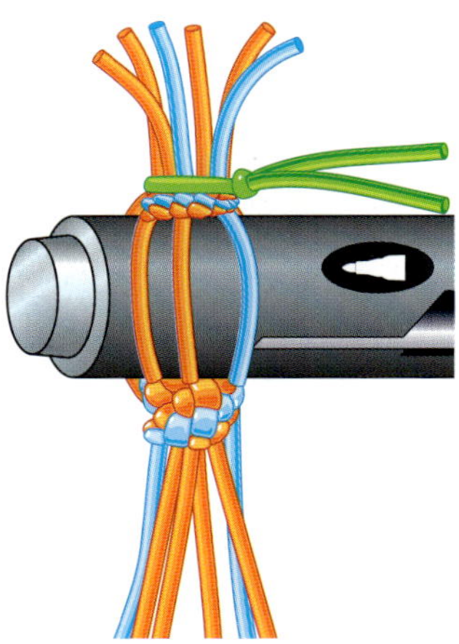

1 Lier 2 fils bleus et 4 orange par un nœud provisoire. Commencer un scoubidou spirale. Après 2 rangs, faire une maille lâche (voir p. 8) autour d'un marqueur.

2 Continuer le scoubidou sur 4,5 cm en insérant 2 morceaux de fil vert à 1 cm et 4 cm. Faire un arrêt arrondi (voir p. 7). Couper les fils du départ à ras.

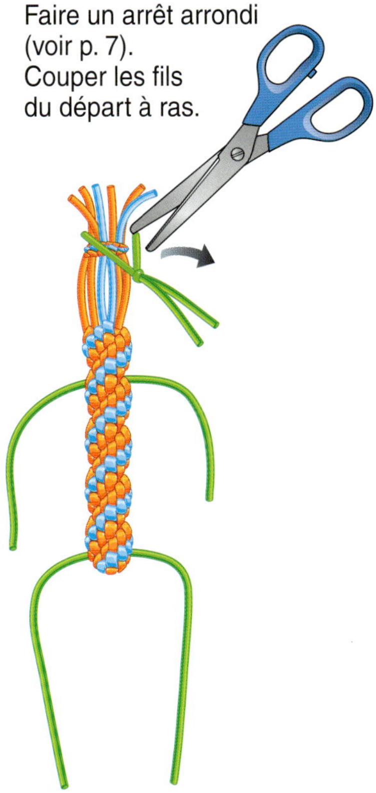

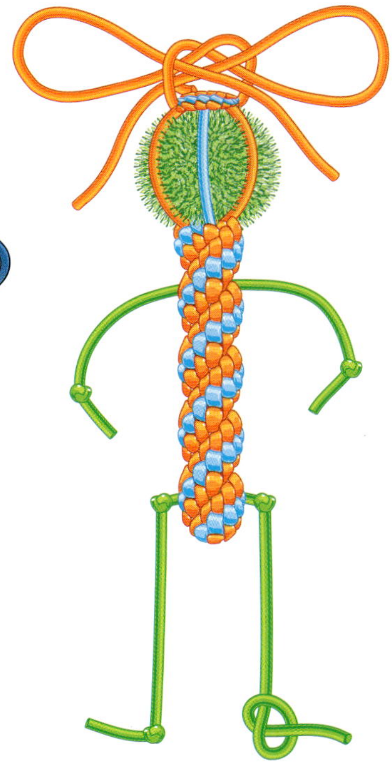

3 Passer le dernier fil orange dans la maille lâche. Insérer le pompon puis nouer le fil. Faire des nœuds pour former les bras et les jambes. Recouper les fils à la bonne longueur.

Variantes

Plier le fil de 90 cm en deux et faire une boucle. Glisser le bouton ou le grelot. Lier les autres fils. Commencer un scoubidou spirale ou rectangulaire. Continuer comme pour le bonhomme orange et vert.

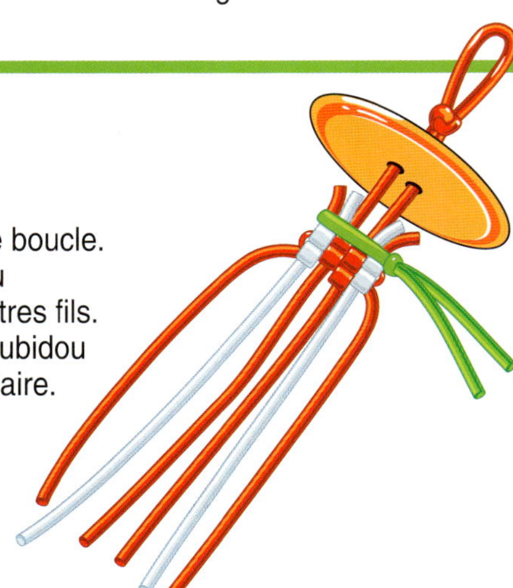

Drôles de trombines

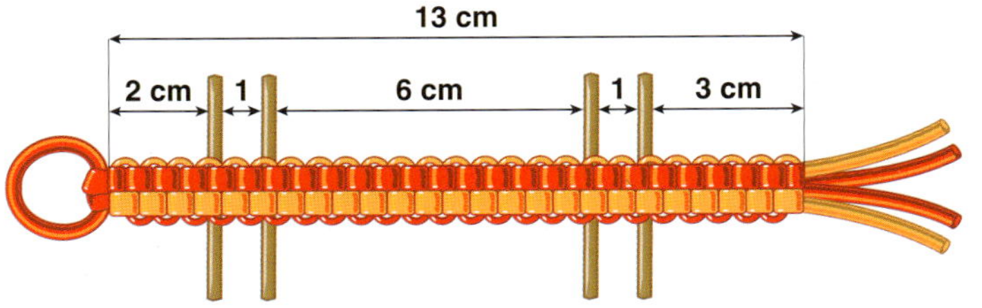

Matériel

- Fils à scoubidou :
  2 fils de 90 cm de couleurs différentes,
  2 x 8 cm pour les oreilles,
  18 cm pour les lunettes rondes,
- cure-dents,
- fil de fer,
- ciseaux usagés,
- papier fort blanc,
- yeux mobiles,
- paillettes ou pompon de 10 mm de diamètre (facultatif),
- colle.

1 Former une boucle simple au milieu des fils de 90 cm. Commencer à tresser un scoubidou à 4 fils, rond ou carré. À 2 cm faire un trou (voir p. 8), puis trois autres selon le schéma.

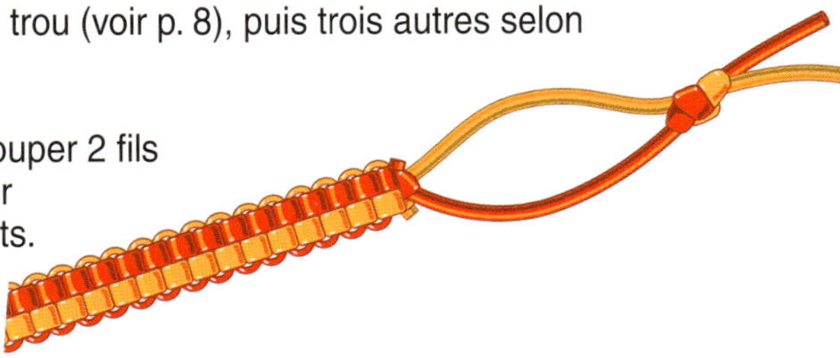

2 À 13 cm, couper 2 fils à ras. Nouer les 2 fils restants. Serrer. Faire une boucle.

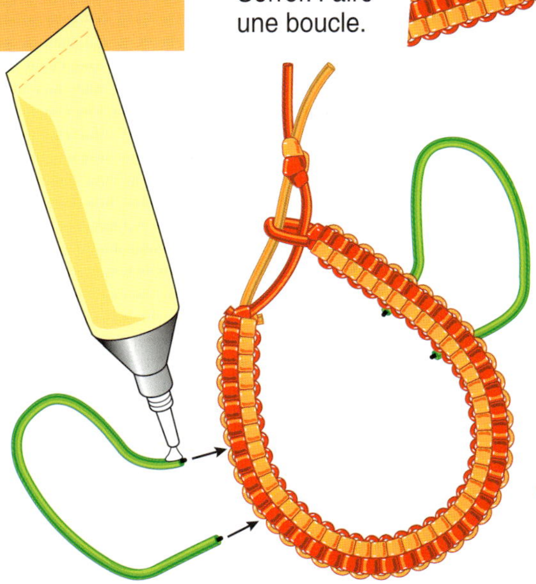

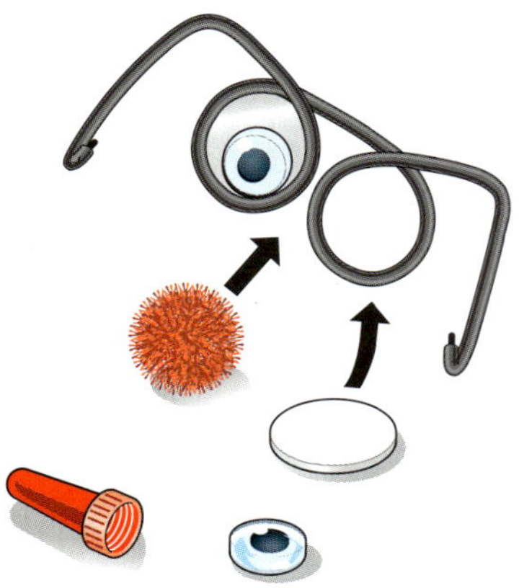

Conseil
Si les fils devenaient trop courts, en insérer d'autres comme pour les augmentations, voir p. 8.

3 Armer les fils des oreilles et des lunettes. (voir p. 7). Encoller les oreilles et les insérer dans les trous. Courber le scoubidou et faire passer l'extrémité dans la première boucle.

4 Former les lunettes. Coller un rond de papier derrière chaque boucle, puis les yeux dessus. Fixer les lunettes derrière les oreilles en les courbant. Coller un pompon en guise de nez.

Lézard gourmand

Matériel

- Fils à scoubidou de 90 cm : 4 verts, 2 jaunes, 1 rose,
- fil de fer,
- cure-dents,
- chute de mousse en plaque rose,
- yeux mobiles,
- 2 aimants ronds,
- colle,
- ciseaux usagés,
- ciseaux.

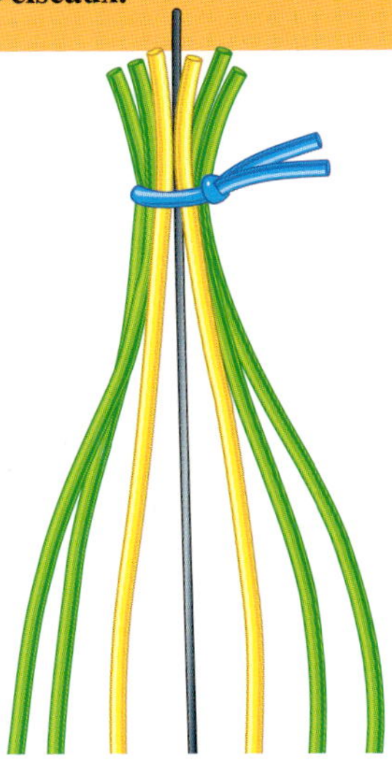

1 Lier par un nœud provisoire à 1cm de leur extrémité les fils verts, les fils jaunes et un fil de fer de 16 cm.

2 Commencer un scoubidou rectangulaire à rayures armé. Faire un trou à 2,5 cm puis un autre 4,5 cm plus loin. Continuer sur 1,5 cm.

3 Diminuer de 2 fils verts. Avec les 4 fils restants et l'armature, continuer sur 6 cm en tressant un scoubidou rond.

4 Couper l'armature à ras, puis finir par un arrêt arrondi. Défaire le nœud provisoire. Couper tous les fils à ras.

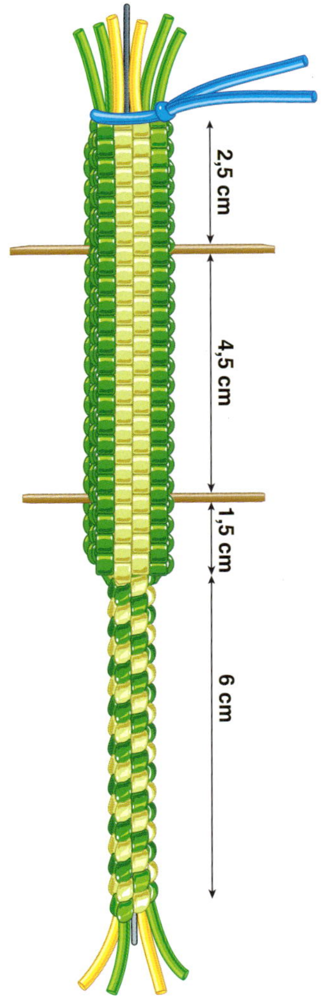

Conseil
Lire attentivement les pages 6 à 8.

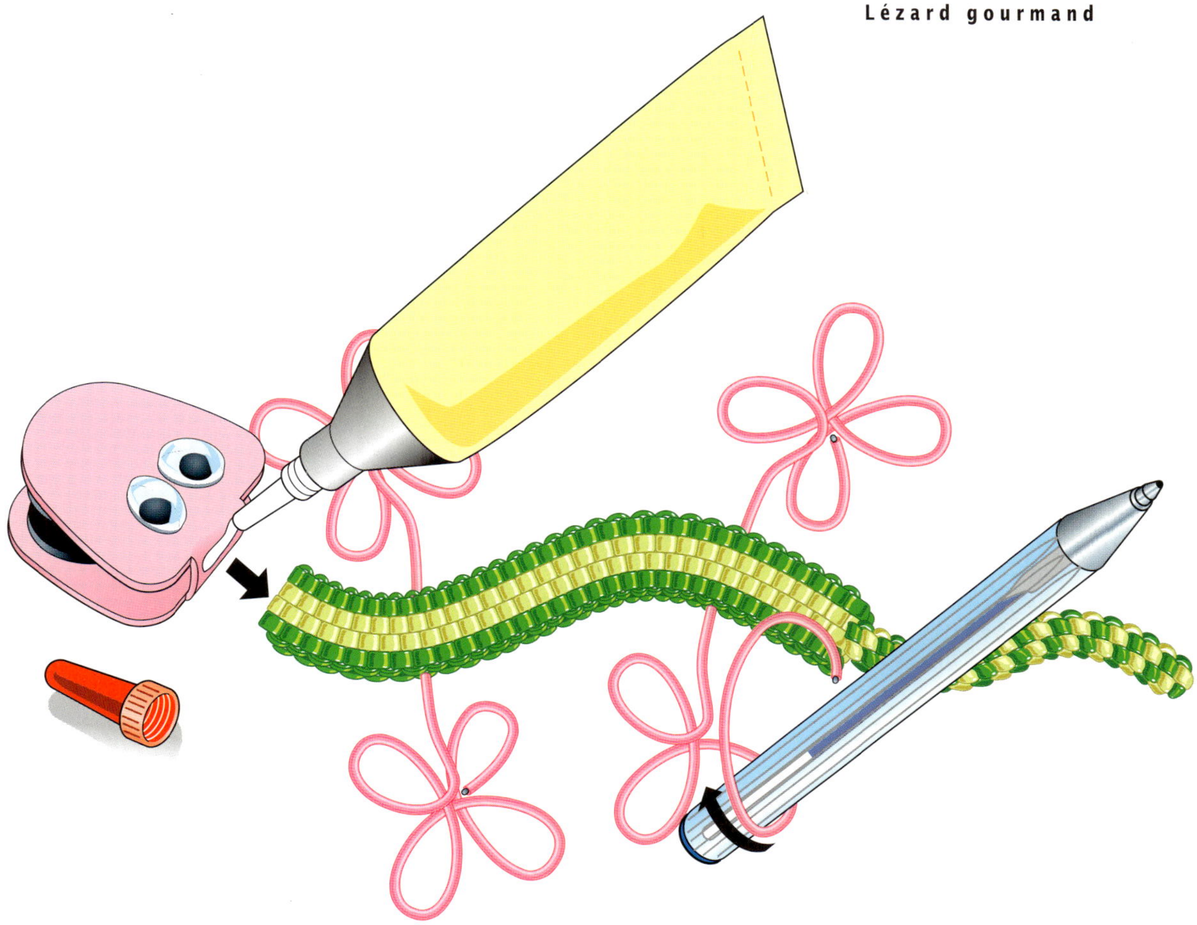

5 Armer 2 fils roses de 43 cm avec du fil de fer. Les insérer dans les trous. Former les pattes en arrondissant le fil armé autour d'un stylo. Recouper si nécessaire.

6 Découper la tête dans la mousse. À plat, coller les yeux, puis les 2 aimants sur l'autre face. Laisser sécher. Mettre le corps en forme, puis coller la tête.

Pattes
Enrouler le fil dans le sens indiqué.

Patron à taille réelle

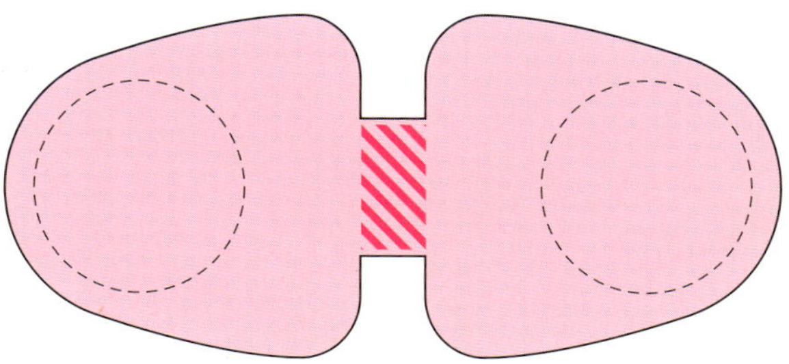

------ **Emplacement des aimants**

Sauterelles et Cie

Matériel

- 1 perle en bois de 20 mm de diamètre,
- cure-dents,
- fil de fer et ciseaux usagés,
- colle,
- ciseaux,

Pour la sauterelle :

- corps :1 fil vert foncé et 2 fils vert clair de 90 cm,
- pattes : 50 cm de fil vert clair.

Pour le grillon :

- corps : 1 fil lilas et 1 fil violet de 90 cm, 1 fil noir et 1 fil blanc de 45 cm,
- pattes : 45 cm de fil noir.

Pour le gendarme :

- corps : 2 fils rouges et 1 fil noir de 90 cm,
- pattes : 45 cm de fil noir.

Sauterelle

1 Tresser un scoubidou spirale à 6 fils en commençant par une boucle simple, obtenue avec un cure-dent (voir p. 7).

2 Faire un trou avec un cure-dent à 1,5 cm, puis 2 autres espacés de 1 cm (voir p. 8). Continuer jusqu'à 5 cm de longueur totale.

3 Couper 4 fils à ras. Armer les fils restants (voir p. 7) et les recouper à 12 cm. Enfiler la perle et la coller sur le scoubidou.

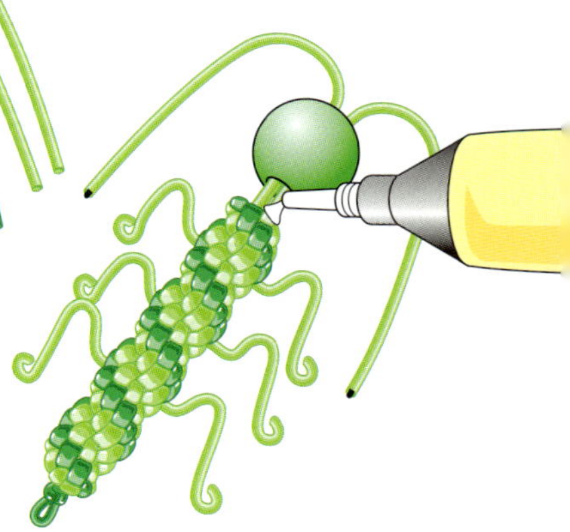

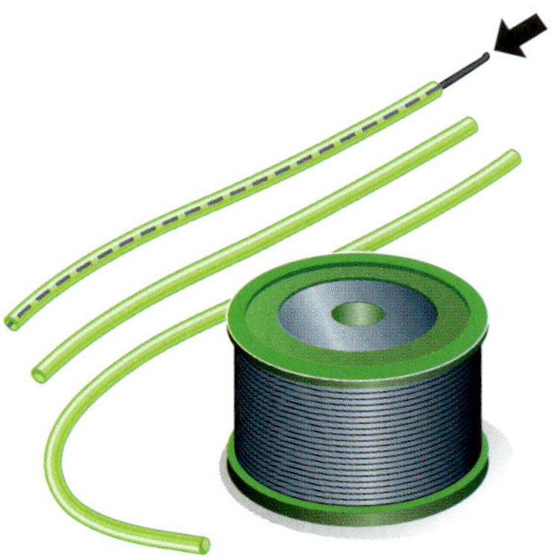

4 Pour les pattes, armer un fil de 20 cm et 2 de 15 cm. Les glisser dans les trous à la place des cure-dents. Former les pattes et les antennes.

Grillon

Procéder comme pour la sauterelle en coinçant les 2 fils de 45 cm dans le nœud de départ. Réaliser les pattes avec 3 fils armés de 15 cm.

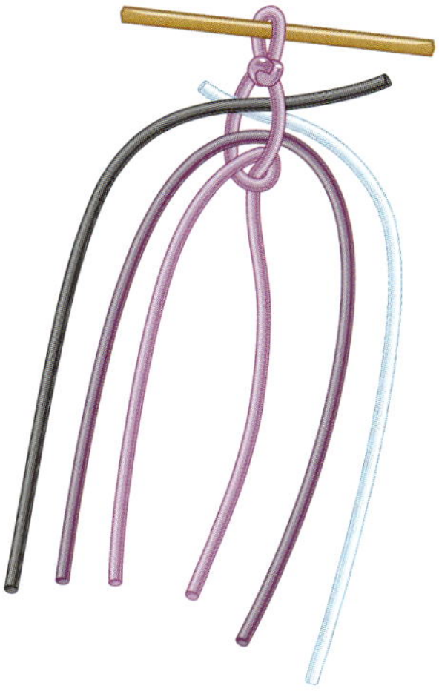

Gendarme

Le corps est armé, mais la réalisation est la même que pour la sauterelle. Autour d'une armature de 8 cm, tresser un scoubidou de 7,5 cm (voir p. 7), en alternant parties rectangulaires et tours complets de spirales. Réaliser les pattes avec des fils armés de 10, 15, et 20 cm.

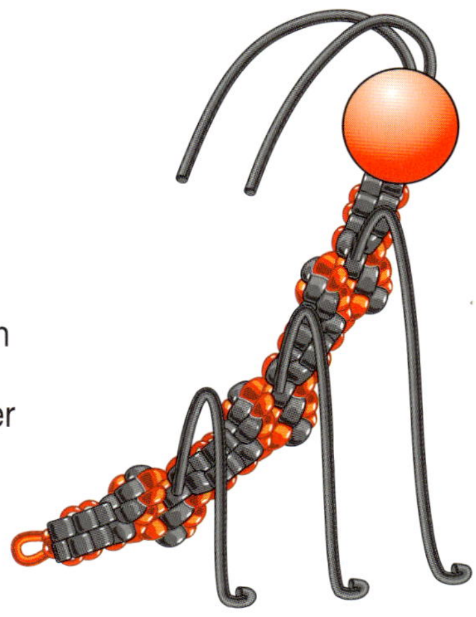

Vive la nature !

Matériel

Pour chaque libellule :

- **fils à scoubidou : 3 fils de couleurs différentes de 90 cm et un fil transparent de 27 cm,**
- **2 perles de 15 et 20 mm de diamètre,**
- **colle,**
- **fil de fer,**
- **ciseaux usagés,**
- **fil à coudre,**
- **ciseaux,**
- **yeux mobiles.**

Libellule

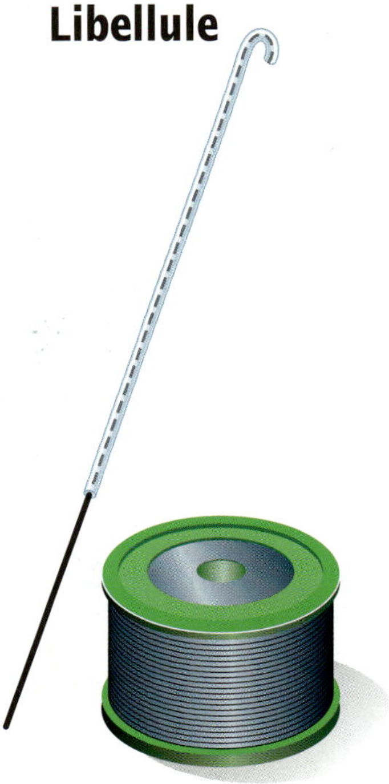

1 Glisser un fil de fer de 38 cm dans le fil à scoubidou transparent. Recourber l'extrémité gainée.

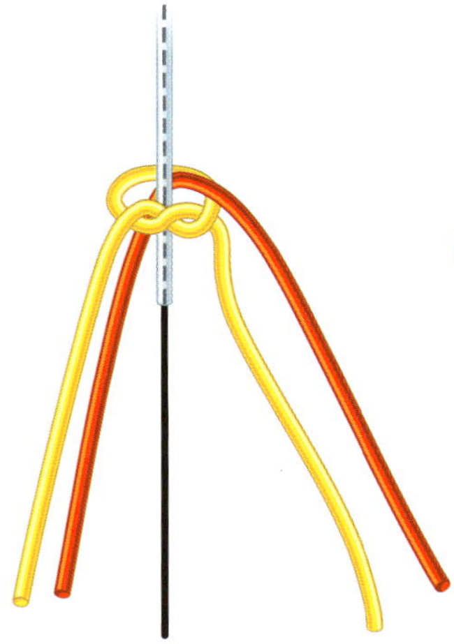

2 Tresser un scoubidou rond à 4 fils autour du fil transparent et de l'armature, en commençant par un nœud caché à 25 cm de l'extrémité gainée.

3 À 4,5 cm, insérer la petite perle. Refaire 2 maillages.

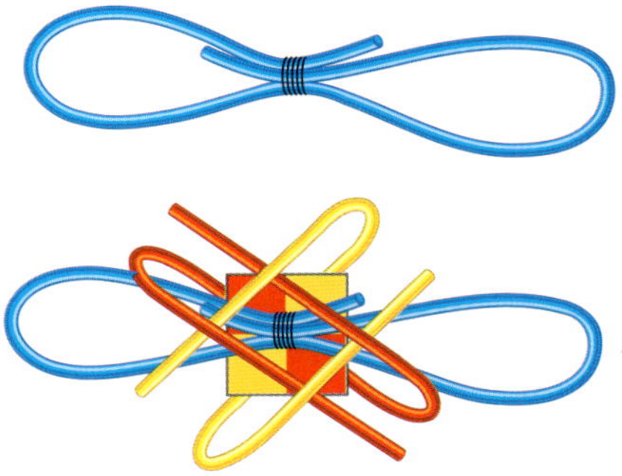

4 Former les ailes avec 2 fils de 26 et 30 cm. Les lier avec du fil à coudre. Insérer les petites ailes. Refaire un maillage normal. Insérer les grandes ailes. Refaire un maillage.

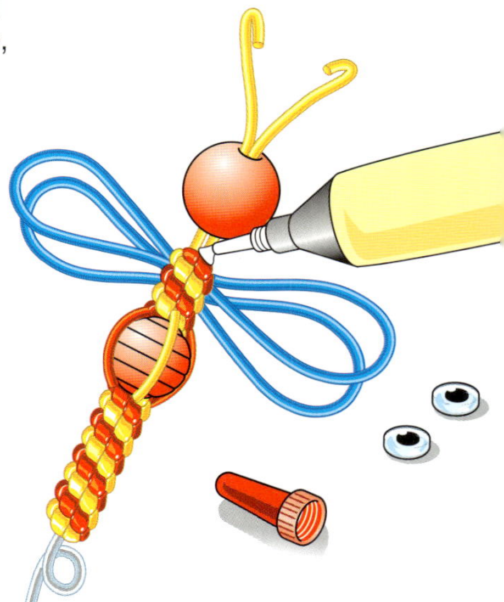

5 Couper les fils des ailes s'ils dépassent et 2 fils du scoubidou. Armer les antennes. Enfiler la perle restante et la coller sur le scoubidou. Coller les yeux. Boucler l'armature gainée sous l'abdomen.

Vive la nature !

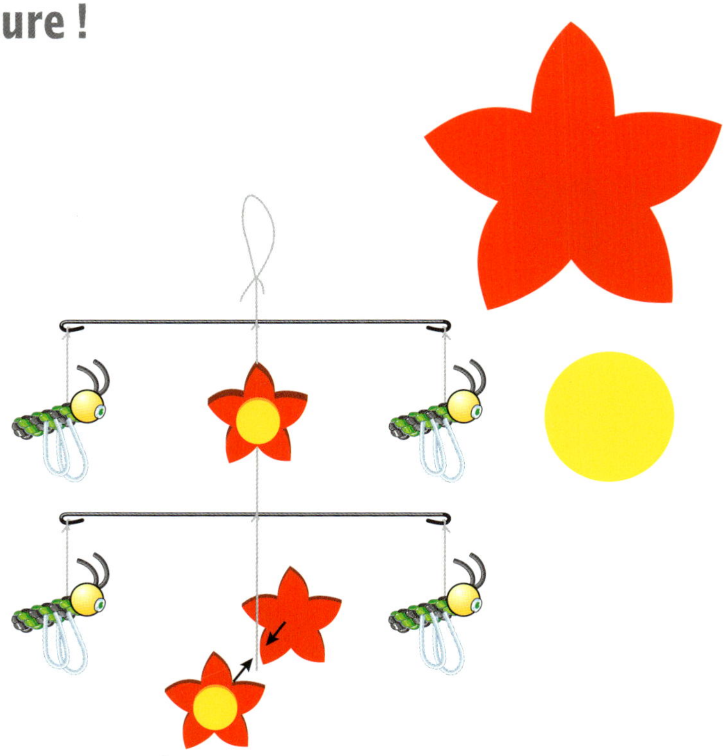

Matériel

- Mousse jaune et rouge,
- 2 tiges métalliques de 20 cm,
- colle,
- fil de Nylon,
- ciseaux usagés,
- ciseaux,

Pour chaque abeille :

- Fils à scoubidou de 45 cm : 1 fil jaune, 1 fil noir, 1 fil blanc,
- 1 perle de 15 mm de diamètre,
- fil à coudre,
- fil de fer,
- yeux mobiles.

Mobile aux abeilles

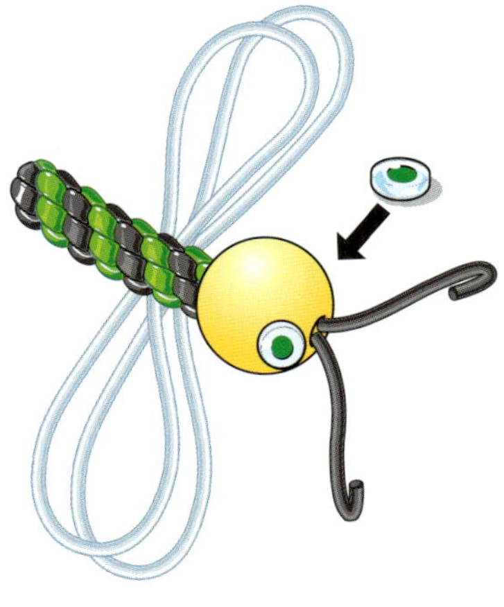

1 Pour chaque abeille, tresser un scoubidou rond à 4 fils en commençant par un nœud caché.
En procédant comme pour la libellule, insérer 2 paires d'ailes réalisées avec un fil de 18 cm et un fil de 20 cm.
Terminer la tête.

2 Pour le mobile : relier 4 abeilles aux tiges métalliques avec du fil de Nylon. Découper 4 fleurs en mousse et les coller deux par deux sur le fil central.

Escargot

Matériel

- Fils à scoubidou de 45 cm : 4 fils verts, 2 fils blancs, 1 fil orange,
- 2 pompons de 8 mm et 1 pompon de 30 mm de diamètre,
- yeux mobiles,
- fil de fer,
- ciseaux usagés,
- ciseaux,
- colle.

1 Lier les fils verts et blancs par un nœud provisoire à 3 cm de leur extrémité et tresser un scoubidou rectangulaire sur 6 cm. Diminuer de 2 fils verts et continuer en tressant un scoubidou carré sur 2,5 cm. Faire un arrêt arrondi (voir p. 7).

2 Couper le fil orange en deux. Commencer par une boucle et tresser un scoubidou rond sur 2 maillages. Faire une maille lâche (voir p. 8), puis un nouveau maillage. Passer les fils de part et d'autre du corps. Refaire 2 maillages. Couper les fils à ras.

3 Pour la tête, couper 4 fils et armer les 2 autres. Collez un pompon et un œil sur chaque antenne.

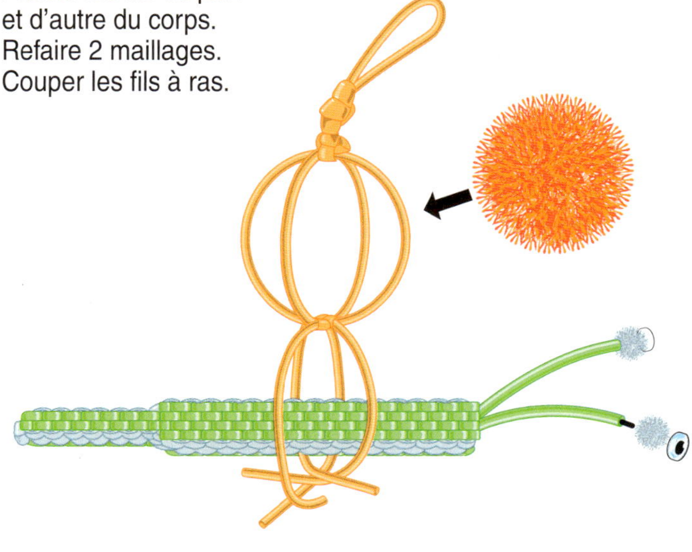

Scoubibêtes

Matériel
- Fil de fer,
- ciseaux,
- ciseaux usagés,
- yeux mobiles,
- colle,

Pour une souris :
- fils à scoubidou : 4 blancs, gris ou noirs de 90 cm, 1 rose de 22 cm.

Pour le chat :
- fils à scoubidou de 45 cm : 4 orange et 4 noirs,
- cure-dent,
- brochette en bois.

Souris

Corps

Armer un fil rose de 12 cm. Attacher les 4 fils du corps à 8 cm de l'extrémité de la queue, par un nœud caché. Tresser un scoubidou rond autour du fil armé sur 1 cm.

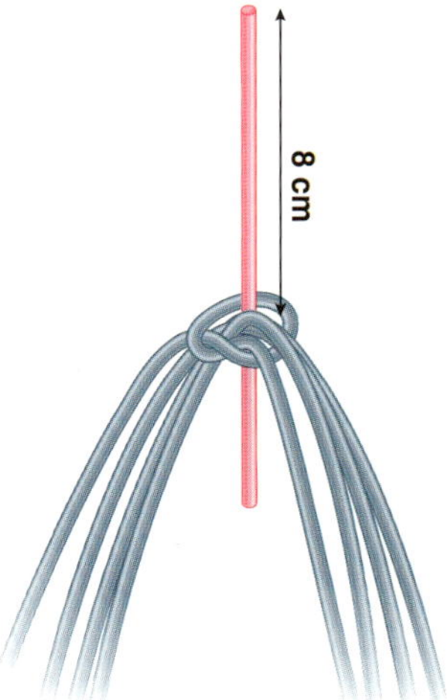

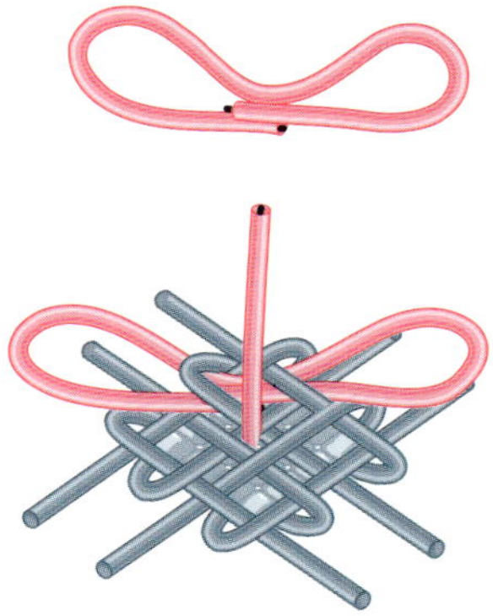

Tête

Former les oreilles avec un fil armé rose de 10 cm. Les insérer dans le maillage suivant. Diminuer de 2 fils. Continuer en spirale sur 4 maillages. Diminuer encore et réaliser un dernier maillage comme pour un scoubidou rond à 4 fils. Faire un arrêt arrondi.

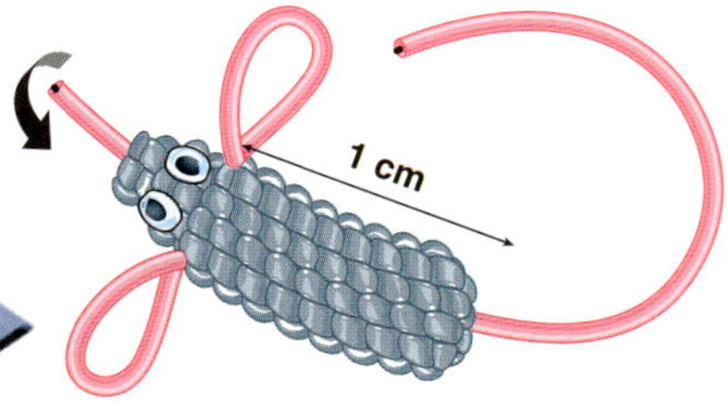

Finitions

Former la queue puis le museau en enroulant l'extrémité du fil rose. Coller les yeux.

Conseil
Lire attentivement les pages 6 à 8 pour toutes les scoubibêtes.

Chat

Pattes arrière
Lier par un nœud provisoire à 1 cm de leur extrémité : 2 fils orange, 2 fils noirs et 10 cm de fil de fer. Réaliser un scoubidou rond armé sur 2,5 cm. Faire un deuxième scoubidou identique.

Corps
Réunir les 2 scoubidous. Insérer au centre une armature de 13 cm en la laissant dépasser de 8 cm pour la queue. Tresser un scoubidou rond armé avec les 8 fils. Après 2 cm, faire sortir l'armature centrale puis continuer sur 0,5 cm.

Pattes avant
Séparer les fils et continuer sur 2,5 cm par 2 scoubidous ronds armés à 4 fils. Couper tous les fils à ras.

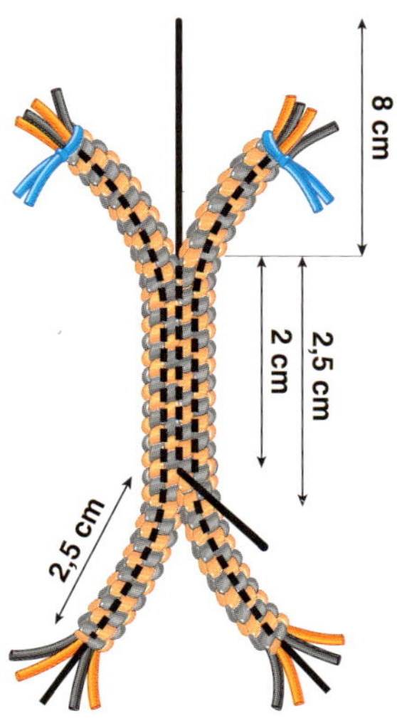

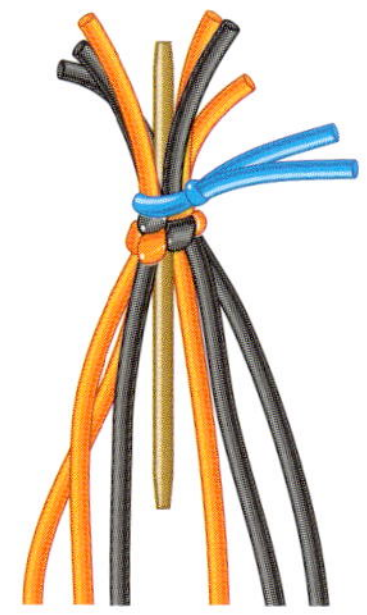

Tête
Lier par un nœud provisoire : 3 fils orange, 3 fils noirs et un cure-dent. Faire 2 maillages en spirale. Ôter le cure-dent. Couper les fils du début. Placer le scoubidou sur l'armature sortant du corps. Tresser sur 1 cm. Former les oreilles avec un fil orange armé de 6 cm et les insérer dans le maillage suivant.

Refaire un maillage.
Diminuer de 2 fils.
Faire 2 maillages comme pour un scoubidou rond.
Dans le suivant, insérer 2 fils noirs de 3 cm pour les moustaches.
Faire un arrêt arrondi.

Finitions
Mettre en forme. Gainer l'armature de la queue. La vriller autour de la brochette.
Coller les yeux et la tête si nécessaire.

Scoubibêtes

Matériel

- Fil de fer,
- fil à coudre,
- cure-dent,
- ciseaux,
- ciseaux usagés,
- yeux mobiles,
- colle,

Pour le lion :

- fils à scoubidou de 45 cm : 8 fils orange, 1 fil jaune.

Pour la girafe :

- fils à scoubidou : 4 fils orange et 4 fils blancs de 90 cm, 1 fil noir de 45 cm.

Lion

Pattes et corps

Prévoir 2 fils de fer de 10 cm pour l'armature des pattes et une armature centrale de 8 cm. En s'aidant du croquis, procéder comme pour le chat.

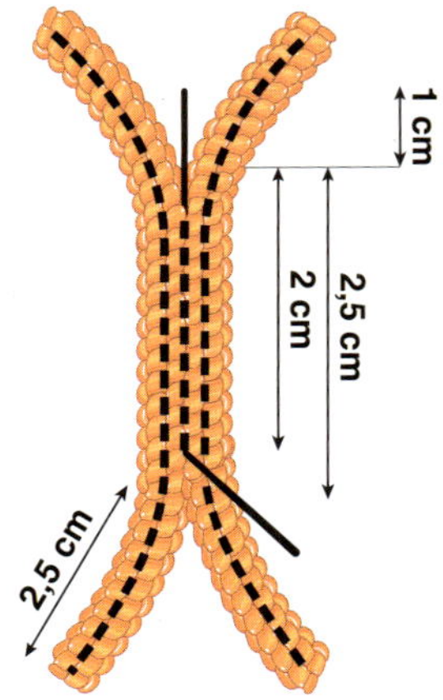

Tête

Tresser un scoubidou à 6 fils spirale sur 1 cm en le fixant comme pour le chat. Crinière : aux 2 maillages suivants, glisser des morceaux de fil jaune de 4 cm dans chaque boucle formée. Diminuer de 2 fils au maillage suivant.

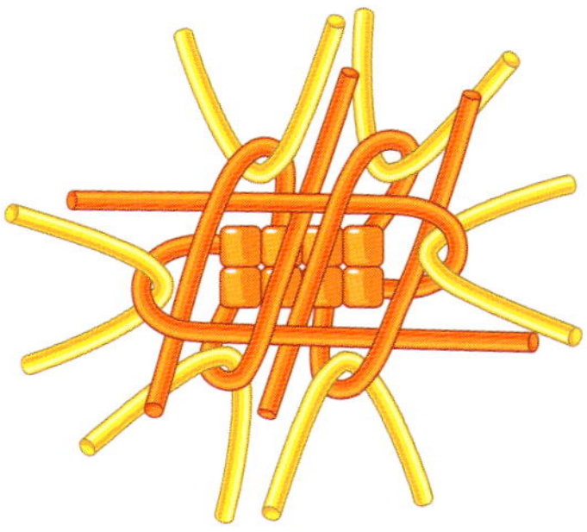

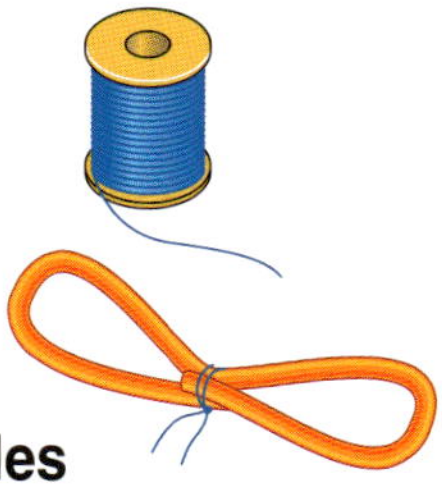

Oreilles

Former 2 boucles sur un fil de 6 cm et les lier avec du fil à coudre. Les insérer dans le maillage suivant. Continuer en rond sur 1 cm, puis faire un arrêt arrondi.

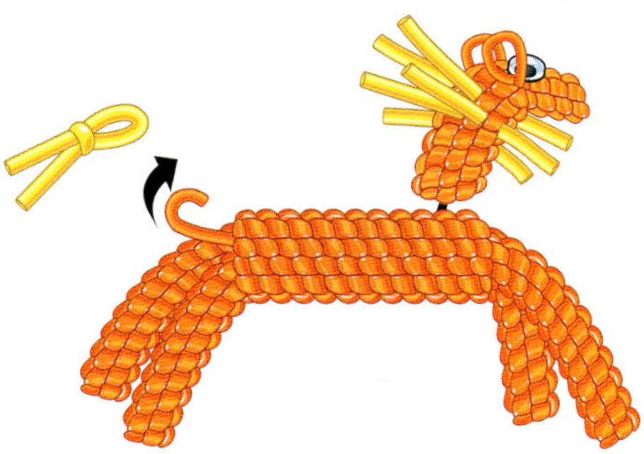

Finitions

Mettre le modèle en forme. Égaliser la crinière. Gainer la queue. La replier en attachant un morceau de fil noué. Coller les yeux, puis la tête si nécessaire.

Girafe

Pattes et corps

Prévoir 2 fils de fer de 14 cm pour l'armature des pattes et une armature centrale de 12 cm.
En s'aidant du croquis, procéder comme pour le chat.

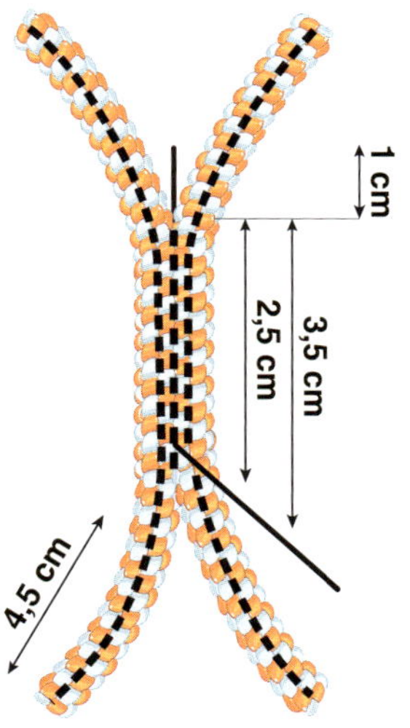

Tête

Tresser un scoubidou à 6 fils spirale sur 4,5 cm en le fixant comme pour le chat. **Simultanément**, pour la crinière, insérer à chaque maillage un morceau de fil noir de 3 cm en le passant autour de l'armature.

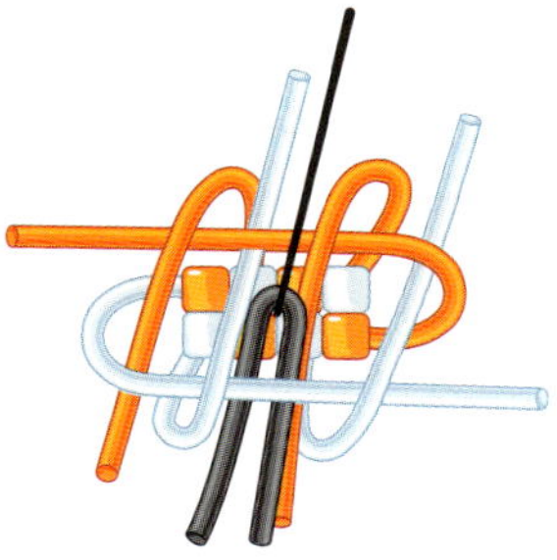

Diminuer de 2 fils.
Pour les oreilles, procéder comme pour le lion avec un fil de 7 cm.
Dans le maillage suivant, insérer un fil armé de 4 cm pour les cornes.
Continuer en rond sur 1 cm, puis faire un arrêt arrondi.

Finitions

Comme pour le lion.

Scoubibêtes

Matériel
- Fil de fer,
- cure-dents,
- ciseaux,
- ciseaux usagés,
- yeux mobiles,
- colle,

Pour le zèbre :
- fils à scoubidou de 90 cm : 4 noirs et 4 blancs.

Pour l'éléphant :
- fils à scoubidou : 8 gris de 90 cm, 1 blanc et 1 rose de 45 cm,
- brochette.

Pour la tortue :
- fils à scoubidou de 45 cm : 8 vert vif, 1 vert foncé, 1 fil jaune,
- stylo.

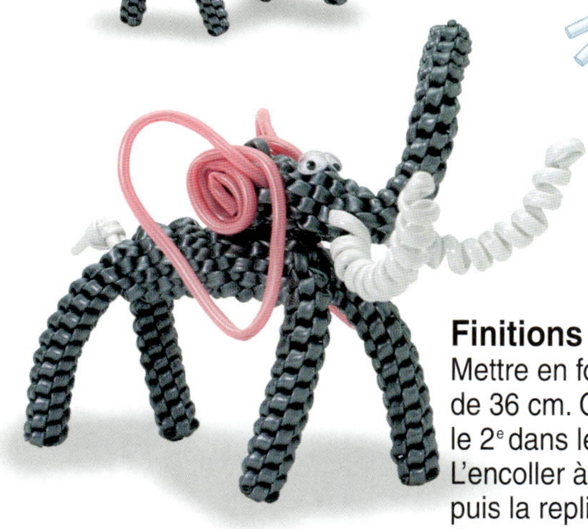

Éléphant

Pattes et corps

Prévoir 2 fils de fer de 12 cm pour l'armature des pattes et une armature centrale de 9 cm. En s'aidant du croquis, procéder comme pour le chat.

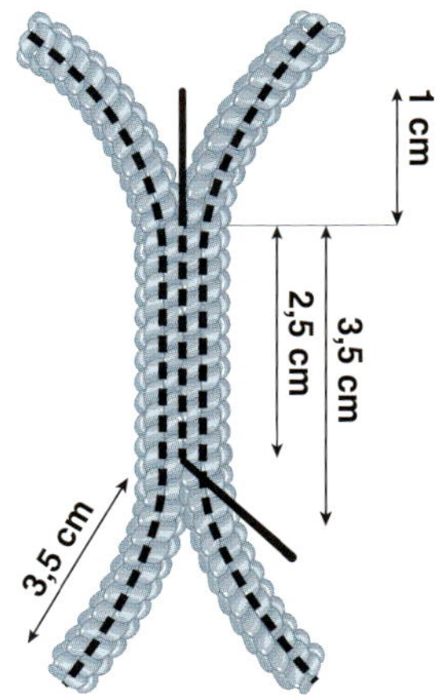

Tête

Commencer un scoubidou à 8 fils rond armé (nœud provisoire, armature de 7 cm). À 0,5 cm, faire un trou à l'aide d'un cure-dent puis 0,5 cm après, un 2e trou perpendiculaire au 1er. Continuer sur 1 cm. Diminuer de 2 fils. Faire 2 maillages puis un 3e trou parallèle au 2e. Refaire 2 maillages. Terminer avec 4 fils sur 3,5 cm, puis faire un arrêt arrondi.

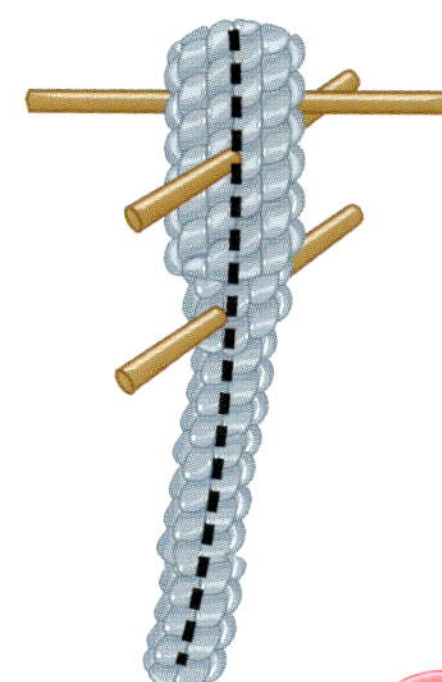

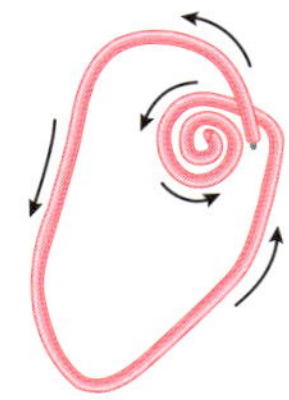

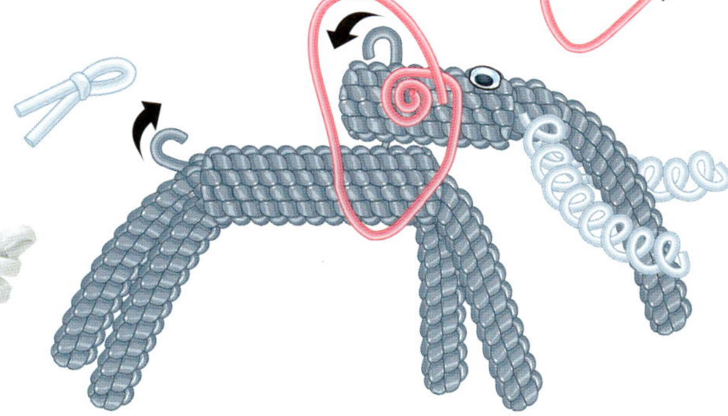

Finitions

Mettre en forme. Armer un fil rose de 38 cm et un fil blanc de 36 cm. Glisser le 1er dans le 2e trou de la tête, puis le 2e dans le 3e trou. Gainer l'armature sortant du corps. L'encoller à la base, l'enfiler dans le 1er trou de la tête, puis la replier. Former les défenses, les oreilles et la queue. Coller les yeux.

Zèbre

Pattes et corps

Prévoir 2 fils de fer de 10 cm pour l'armature des pattes et une armature centrale de 8 cm.
En s'aidant du croquis, procéder comme pour le chat.

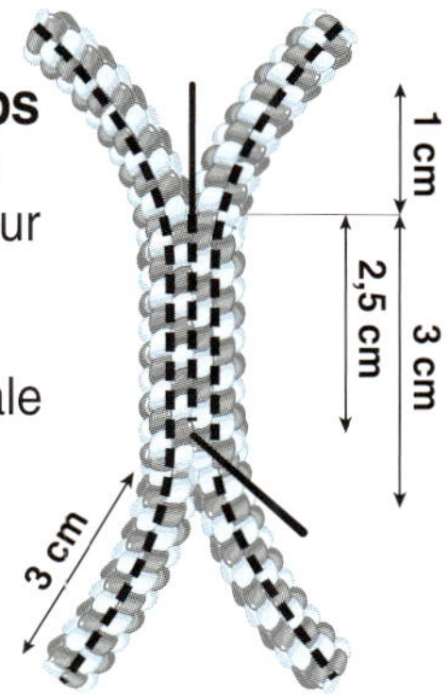

Tête

Tresser un scoubidou à 6 fils spirale sur 2 cm en le fixant comme pour le chat. **Simultanément**, pour la crinière, insérer des morceaux de fil noir et blanc comme pour la girafe. Pour les oreilles, procéder comme pour le lion avec un fil de 8 cm. Diminuer de 2 fils. Continuer en rond sur 1,5 cm, puis faire un arrêt arrondi.

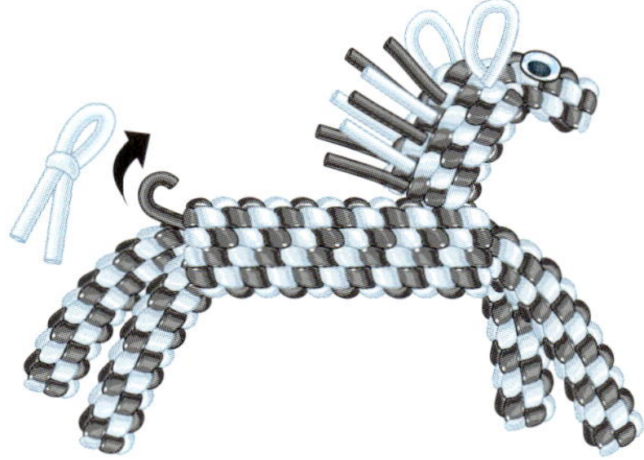

Finitions

Comme pour le lion.

Tortue

Pattes et corps

Tresser 2 scoubidous vert vif à 4 fils ronds armés (nœud provisoire, armatures de 8 cm) sur 1 cm. Réunir les scoubidous : insérer une nouvelle armature de 7 cm au centre en la laissant dépasser de 1 cm et tresser un scoubidou rectangulaire sur 3,5 cm. Reprendre séparément 2 scoubidous ronds armés. Couper tous les fils.

Tête

Tresser un scoubidou à 4 fils rond de 1 cm en le fixant comme pour le chat.
Finir par un arrêt arrondi.

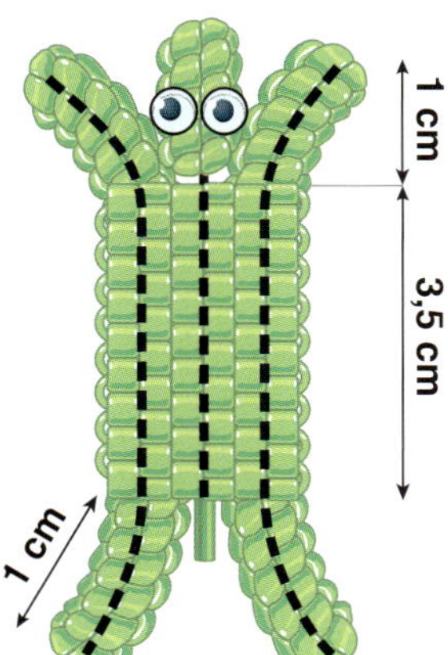

Carapace

Armer les 2 fils restants. En commençant par le centre de la carapace, former des cercles avec le fil vert, en l'enroulant 2 fois autour d'un stylo pour donner de l'épaisseur.

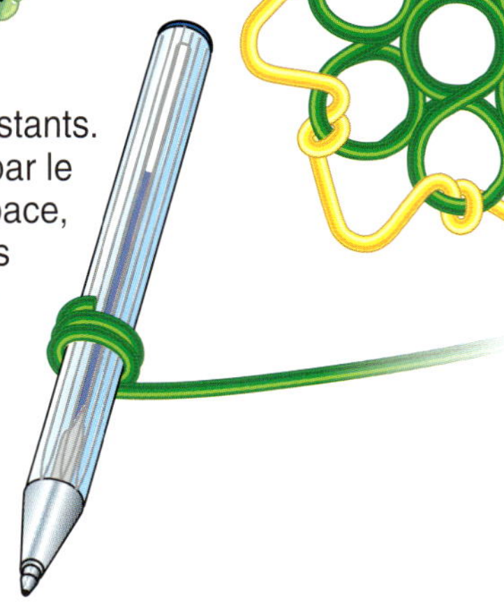

Border la carapace avec le fil armé jaune en lui faisant faire un tour complet dans chaque cercle. Bloquer le départ dans le dernier tour. Mettre la carapace en forme et la coller sur le corps.

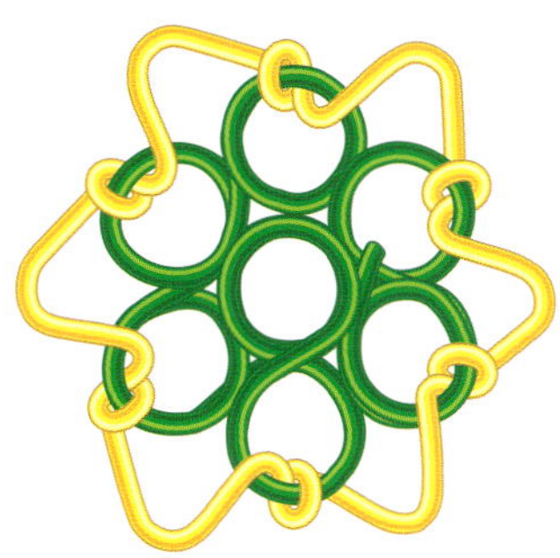

Animaux attachants

Matériel
- Yeux mobiles,
- cure-dents,
- mousse en plaque,
- fil de fer,
- ciseaux usagés,
- ciseaux,
- colle,

Pour le cochon :
- 1 attache de porte-clés,
- fils à scoubidou : 4 roses de 90 cm et 1 rose de 20 cm,
- feutre noir.

Pour le chien :
- 1 porte-jeton de supermarché,
- fils à scoubidou de 90 cm : 3 blancs et 2 noirs.

Conseil
Se reporter pages 7 et 8, pour les nœuds, les armatures, les trous et les finitions.

Cochon porte-clés

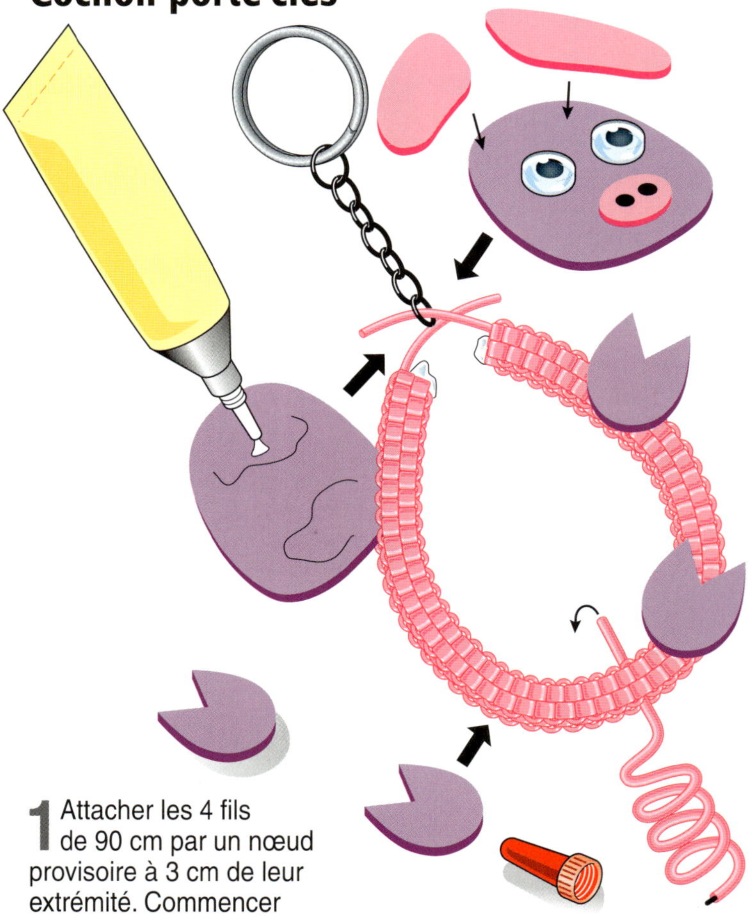

1 Attacher les 4 fils de 90 cm par un nœud provisoire à 3 cm de leur extrémité. Commencer un scoubidou carré. À 8,5 cm, faire un trou, puis continuer sur 8,5 cm.

2 De chaque côté du scoubidou, couper 3 fils sur 4. Coller les extrémités pour former un anneau. Laisser sécher. Attacher le porte-clé avec les 2 fils restants.

3 Armer le fil de 20 cm. Le glisser dans le trou et le recourber. Le vriller à l'aide d'un stylo.

4 Découper la tête et les pattes dans la mousse (voir patrons à la fin du livre). Coller tous les éléments, puis les yeux. Dessiner les narines au feutre.

Chien porte-jeton

1 Attacher par un nœud provisoire à 1 cm de leur extrémité : 2 fils noirs, 2 fils blancs et une armature de 22 cm. Tresser un scoubidou rond armé sur 10 cm. Faire un trou puis continuer sur 10 cm.

2 Couper les fils à scoubidou à ras de chaque côté. Fixer l'armature sur le porte-jeton.

3 Pour la queue, commencer, par un nœud provisoire, un scoubidou rond armé sur 3 maillages. Glisser l'armature dans le corps. Passer les fils de part et d'autre et continuer sur 1,5 cm. Couper un des fils à ras. Continuer avec 3 fils sur 1 cm.

4 Mettre en forme puis finir comme pour le cochon.

Martien et marchien

Matériel

- Yeux mobiles,
- fil de fer,
- ciseaux usagés,
- ciseaux,
- colle,

Pour le martien :

- fils à scoubidou vert clair et vert foncé : 1 fil de 90 cm et 1 fil de 45 cm par couleur,
- cure-dents,
- chute de mousse en plaque verte,
- perles vertes : 1 de 20 mm et 3 de 10 mm de diamètre
- 1 galet.

Pour le marchien :

- fils à scoubidou vert clair et vert foncé : 4 fils de 90 cm par couleur,
- perles vertes : 1 de 20 mm et 1 de 10 mm de diamètre.

Patron à taille réelle

Martien

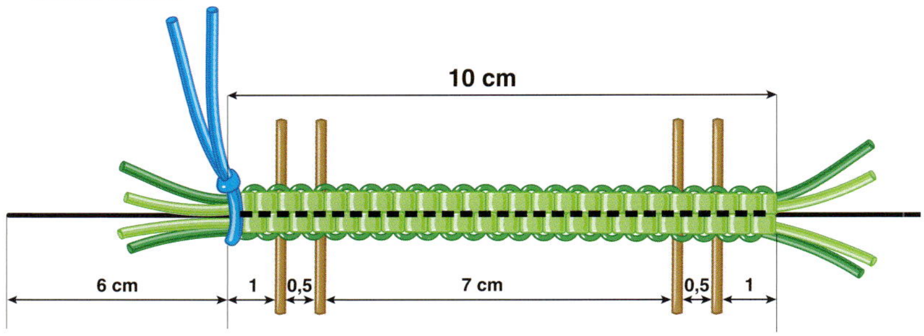

Corps

Commencer, par un nœud caché, un scoubidou carré à 4 fils autour d'une armature de 22 cm, en la laissant dépasser de 6 cm. Tresser sur 10 cm en faisant des trous (voir p. 8) comme sur le croquis, puis arrêter. En alignant les trous, courber le scoubidou. Coller ses extrémités. Insérer 2 fils armés de 16 cm dans les trous. Les courber.

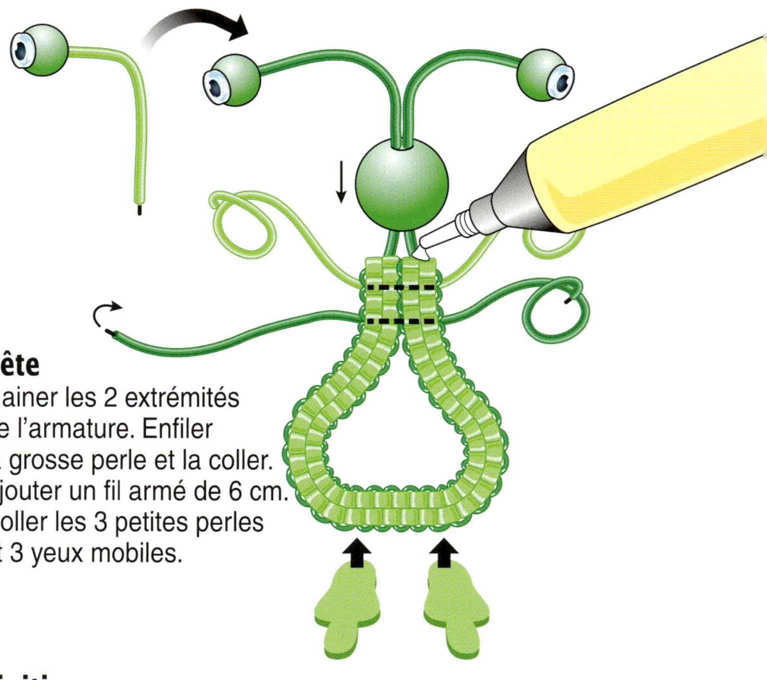

Tête

Gainer les 2 extrémités de l'armature. Enfiler la grosse perle et la coller. Ajouter un fil armé de 6 cm. Coller les 3 petites perles et 3 yeux mobiles.

Finitions

Coller des pieds en mousse, puis l'ensemble sur le galet.

Marchien

Pattes et corps

Prévoir 2 fils de fer de12 cm pour l'armature des pattes et une armature centrale de 21 cm.
À l'aide du croquis, procéder comme pour le chat de la page 31, en tressant des scoubidous carrés.

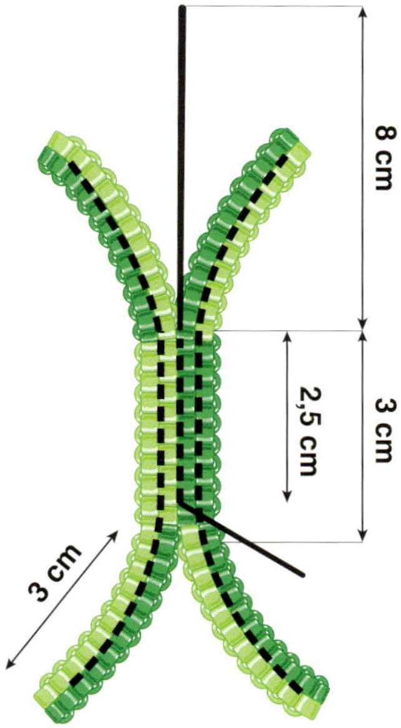

Finitions

Gainer les extrémités du fil central. Pour la tête, enfiler la grosse perle. Glisser 2 fils armés (5 et 9 cm).
Coller la perle. Courber la queue et les oreilles.
Coller une petite perle et un œil mobile.

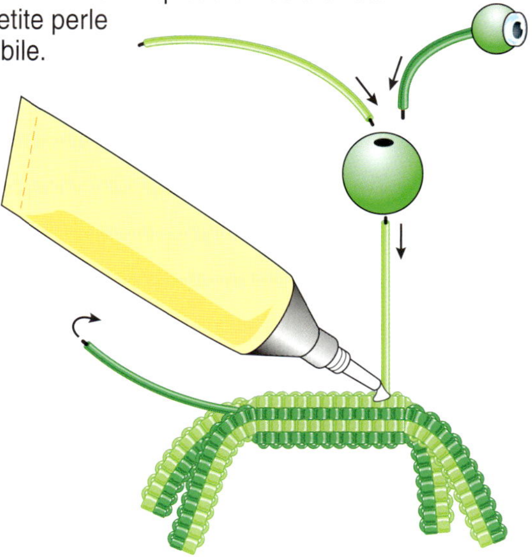

Animaux fantastiques

Matériel
- Fil de fer,
- ciseaux usagés,
- ciseaux,
- yeux mobiles,

Pour le serpent :
- fils à scoubidou de 90 cm : 4 orange, 2 jaunes, 2 noirs, 2 gris, 2 verts,
- chutes de mousse en plaque : vert et rouge,
- 2 perles blanches de 10 mm de diamètre,
- 1 grelot,
- 1 pierre ou 1 galet.

Pour le dragon :
- fils à scoubidou de 90 cm : 8 jaunes, 4 rouges, 3 verts,
- cure-dents,
- perles vertes : 2 de 15 mm et 2 de 20 mm de diamètre,
- 1 mini-pince à cheveux,
- 1 tube en plastique (facultatif).

Serpent presse-papier

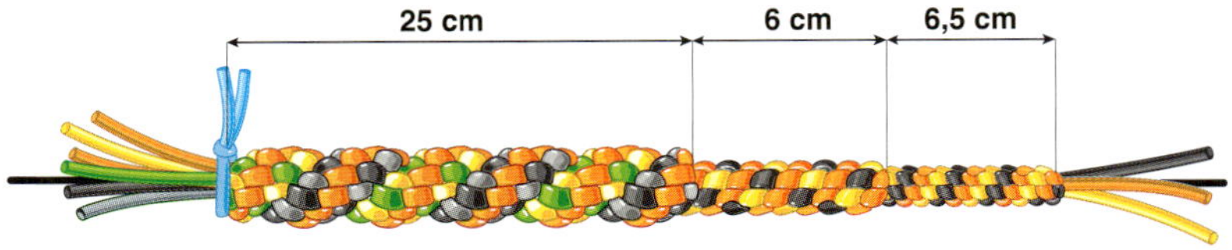

1 Attacher par un nœud provisoire à 1,5 cm de leur extrémité: 2 fils orange, 1 fil gris, 1 fil noir, 1 fil vert, 1 fil jaune et une armature de 40 cm. Tresser un scoubidou spirale armé sur 25 cm.

2 Couper le fil vert et le fil gris et continuer en rond avec 4 fils sur 6 cm. Diminuer d'un fil orange et continuer sur 3 fils jusqu'à 1 cm de l'extrémité de l'armature.

3 Côté queue, gainer l'armature. Nouer les fils et les recouper pour les arrêter. Attacher le grelot en recourbant l'armature.

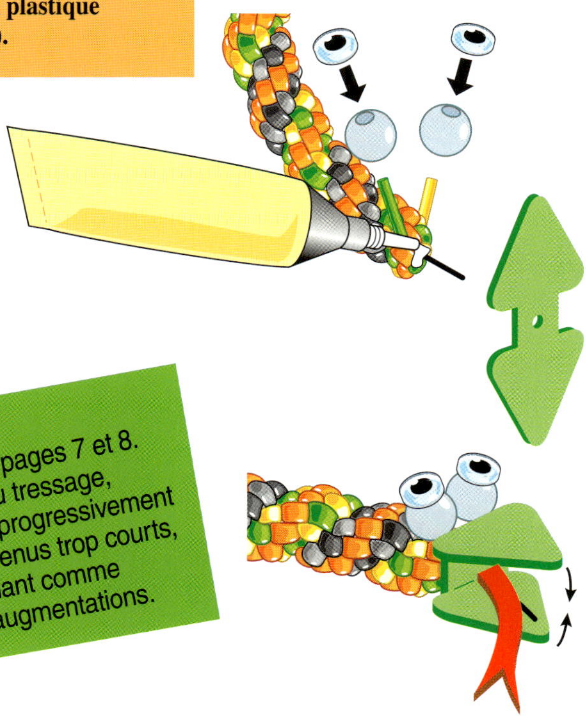

4 Côté tête, couper 4 fils à ras et 2 fils à 1 cm. Découper la tête et la langue dans la mousse (patrons à la fin du livre). Piquer la tête sur l'armature et la coller au scoubidou. Coller la langue et la pointe de la tête. Coller les perles, puis les yeux mobiles.

Conseil
Se reporter pages 7 et 8.
Au cours du tressage, remplacer progressivement les fils devenus trop courts, en procédant comme pour les augmentations.

Finitions
Mettre le serpent en forme et le coller sur une pierre.

Animaux fantastiques

Le dragon

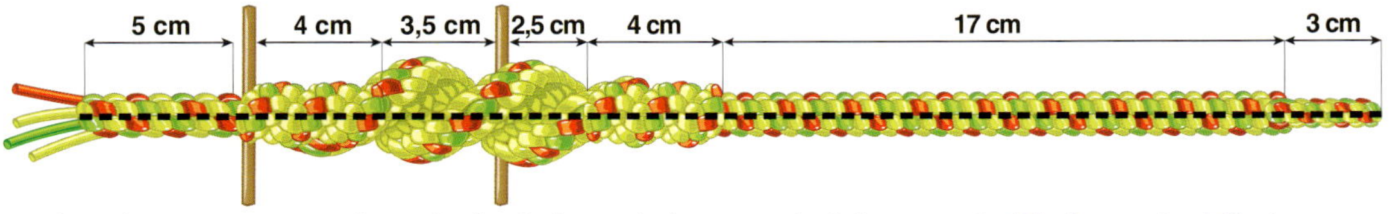

1 Attacher par un nœud provisoire à 1 cm de leur extrémité : 2 fils jaunes, 1 fil rouge, 1 fil vert et une armature de 40 cm. Tresser un scoubidou rond armé sur 5 cm.

2 Augmenter de 2 fils jaunes. Faire 2 maillages en spirale. Faire un trou en insérant un cure-dent.
Continuer en spirale sur 4 cm.
Augmenter de 4 fils jaunes et tresser une spirale avec les 10 fils sur 3,5 cm.
Faire un second trou. Continuer la spirale sur 2,5 cm.

3 Diminuer de 4 fils jaunes et tresser en spirale avec les 6 fils restants sur 4 cm.
Diminuer à nouveau de 2 fils jaunes et tresser en rond sur 17 cm. Diminuer d'un fil jaune et tresser un scoubidou à 3 fils jusqu'à l'extrémité de l'armature. Nouer les fils et les recouper à ras.

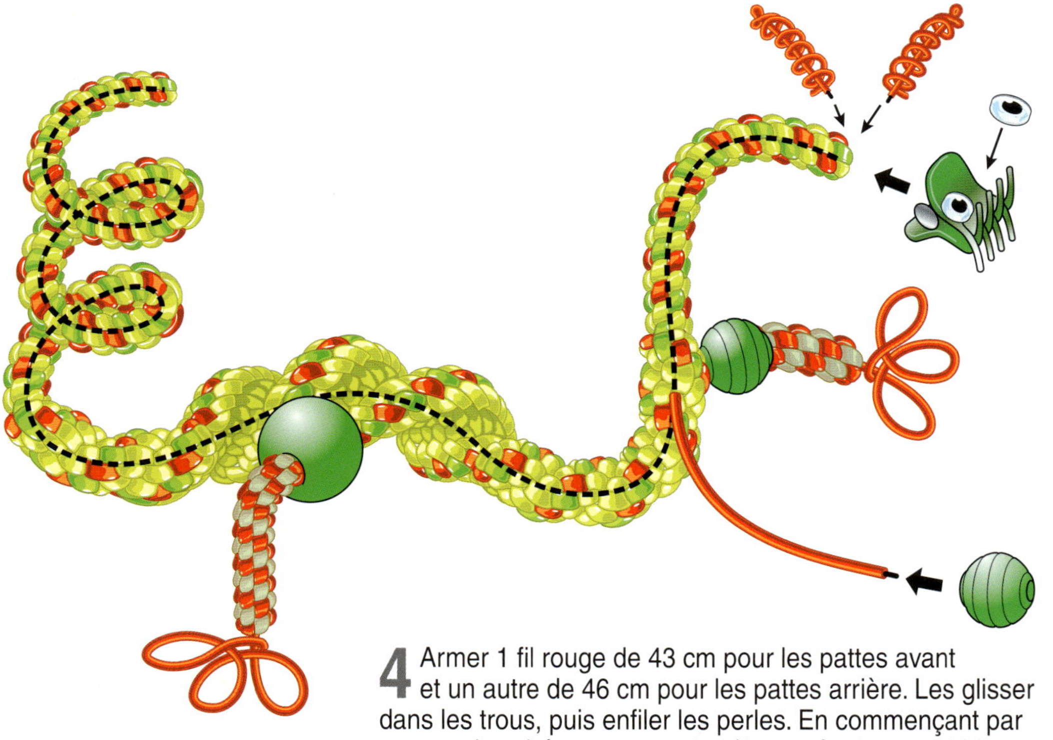

4 Armer 1 fil rouge de 43 cm pour les pattes avant et un autre de 46 cm pour les pattes arrière. Les glisser dans les trous, puis enfiler les perles. En commençant par un nœud caché, tresser sur les fils armés des scoubidous ronds à 4 fils de 1,5 cm à l'avant et 3 cm à l'arrière.
Boucler les pattes. Mettre le dragon en forme.

5 Couper les fils du départ et l'armature à ras. Coller la pince à cheveux. Armer 2 fils rouges de 10 cm et former 2 spirales pour les cornes. Les coller sur la pince.

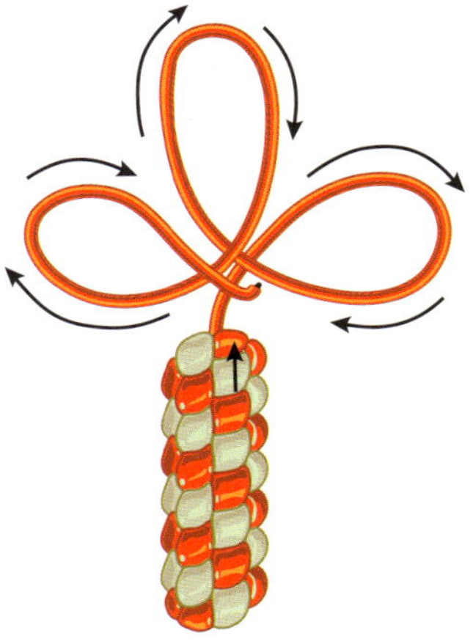

Enroulement des pattes

Enroulement des cornes

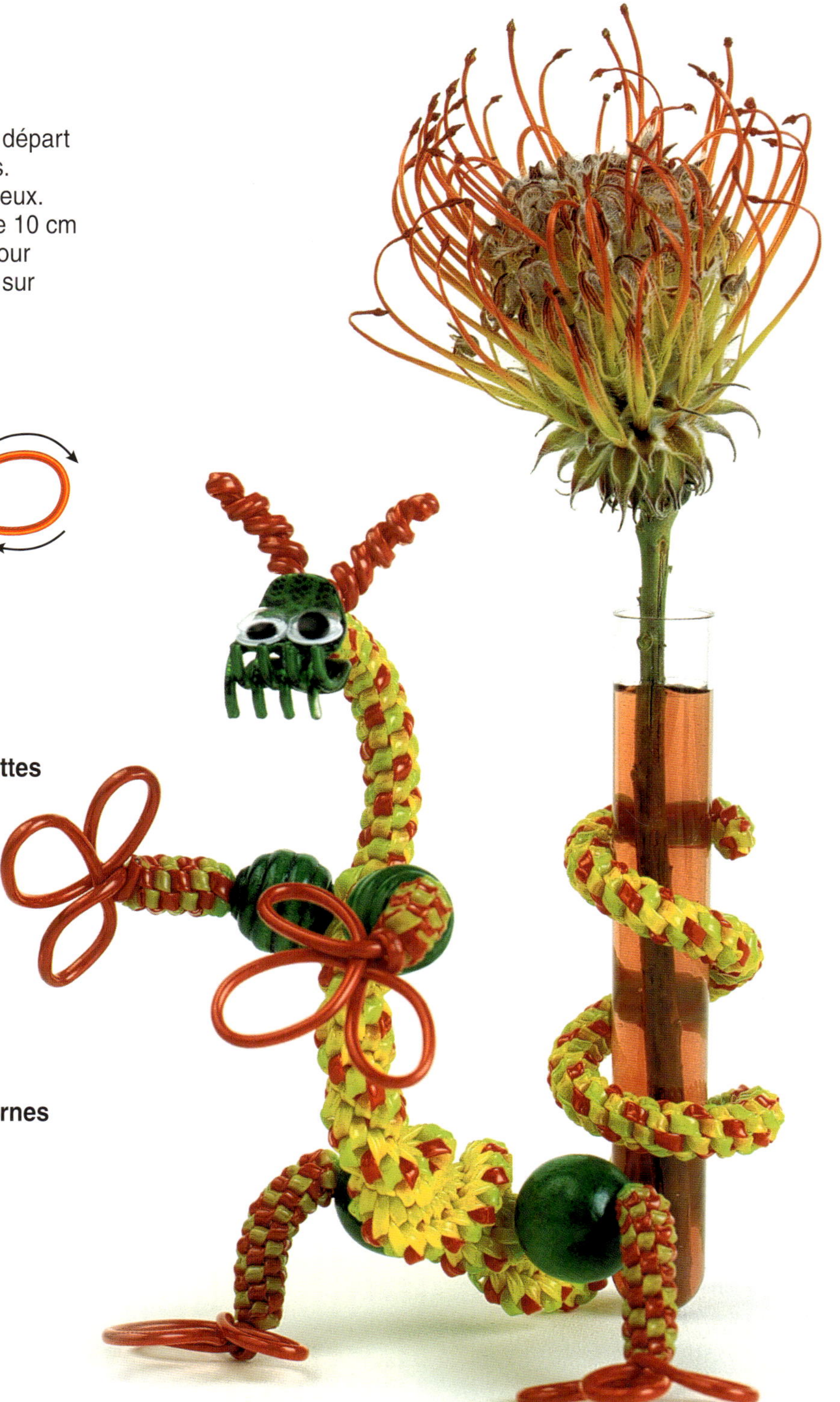

Table des matières

Aux Éditions Fleurus

Collection Activités Fleurus Junior

Masques farfelus
Nouveaux bracelets brésiliens
Perles de rocaille, bijoux et gadgets
Pinces à linge fantaisie
Scoubidou-mania
Plastique magique
Pâte à modeler colorée à cuire
Tricotin malin
Perles de rocaille fantaisie
Argile facile
Tresses et bracelets brésiliens
Bâtonnets plats
Clous et fils
Sable coloré
Pinces à linge, un monde miniature
Window-décor
Chenilles faciles
Papier crépon
Scoubidou folies
Carton ondulé

Collection Activités Fleurus

Petites vitrines
Effets mosaïques
Pyrogravure d'aujourd'hui
Métal en feuilles
Macramé facile
Oeufs décorés pour Pâques
Perles de rocailles, parures et petits bijoux
Bougies faciles
Bande plâtrée
Serviette en papier, technique de collage
Décopatch

Patrons

Chien porte-jeton
page 37

Cochon porte-clés
page 36